Crédits photos :
© Paul-Jacques Callebaut
Conception graphique :
Sandra Brys

ISBN 2-203-60214-7

Khalil Gibran

LE PROPHÈTE

casterman

Khalil Gibran est né le 6 janvier 1883 à Bécharré, petit village du mont Liban dont la fondation remonte à près de quatre mille ans, dans une très ancienne famille chrétienne (son grand-père maternel était prêtre). Sa mère – ce grand poète qui n'a jamais écrit un seul vers, disait-il – avait un don exquis pour conter des histoires et chanter des chansons d'autrefois. Comme tant d'autres Syro-libanais, fuyant le joug ottoman, sa famille émigre à Boston aux Etats-Unis en 1894. A l'âge de treize ans, Khalil Gibran revient, seul, à Beyrouth achever ses études à l'École de la Sagesse Madrassat Al-Hikmat. En plus du programme officiel, il s'intéresse à la médecine, au droit, à l'histoire des religions et à la musique (à laquelle il consacrera son premier essai). Encore au collège, Gibran commence à écrire et à dessiner. A seize ans, il édite une revue littéraire et philosophique : *Al-Hakitat (La Vérité).*

En 1901, ses études brillamment terminées, il visite les hauts lieux de Grèce, d'Italie et d'Espagne et s'installe à Paris pour étudier la peinture. Il est l'élève de Rodin dont il devient un ami. C'est à cette époque qu'il publie *Les esprits rebelles* qui appelle la jeunesse libanaise à se libérer de l'oppression ottomane et à renouer avec le passé glorieux des ancêtres Phéniciens chaldéens. L'ouvrage est brûlé sur la place publique de Beyrouth, par ordre des autorités turques qui condamnent l'auteur à l'exil. Celui-ci est par ailleurs excommunié par le patriarche maronite qui estime son livre "dangereux, révolutionnaire et pernicieux pour la jeunesse".

En 1903, Gibran est rappelé en Amérique, au chevet de sa mère mourante. Il reste à Boston où il se consacre à la peinture, tout en participant au mouvement littéraire arabe dont il est considéré comme un des chefs de file. Ses dessins et peintures attirent l'attention d'une mécène, Miss Mary Haskell, qui, en 1908, l'envoie poursuivre sa formation à Paris. Là, il travaille à l'Académie Julian et à l'École des beaux-arts. Il fréquente Rodin, Henri de Rochefort, Debussy, Maurice Maeterlinck et Edmond Rostand.

En 1910, il s'installe définitivement à New York, au 51 West Tenth Street, résidence réservée aux peintres et aux sculpteurs. C'est dans son studio qu'est fondée l'Académie arabe. "Notre Académie, écrit-il, se compose de douze poètes syriens dont la plupart sont des jeunes. Elle ne dépassera jamais les douze membres. Seule la mort d'un des membres permettra à un autre poète de prendre place dans le cercle. L'Académie est la mère des autres académies, celle d'Alep, du Caire, de Damas, de Beyrouth. Une triple passion l'anime : foi, amour et travail; son objectif : que les ferments de beauté et de vérité qui sont à la base de sa constitution vivent et fleurissent dans la littérature et dans le cœur du peuple arabe."

Ses deux premières œuvres en anglais : *The Madman*, qui sort en 1918, et *The Forerunner*, qui paraît deux ans après, lui valent d'emblée l'estime des milieux littéraires. Mais c'est la publication de *The Prophet*, en 1923, qui lui assure dans le monde occidental une renommée égale à celle dont il jouissait déjà dans l'Orient arabe et qui depuis n'a cessé de s'étendre.

Il meurt le 10 avril 1931. Des milliers de personnes défilent pendant deux jours devant sa dépouille. Les funérailles furent célébrées à l'église de Notre-Dame des Cèdres à Boston. En juillet, le corps fut solennellement ramené au pays natal, où il repose désormais à l'ombre du monastère de Mar Sarkis à Bécharré.

Gibran est un de ces rares écrivains qui soient parvenus à s'exprimer avec un égal bonheur dans deux langues : celle de ses ancêtres et celle de son pays d'accueil.

Il est né au moment où les lettres arabes sortaient de l'interminable léthargie dans laquelle elles étaient tombées après avoir brillé d'un éclat exceptionnel du Ve au XIIe siècle. La fin du XIIe siècle marque le réveil de l'Orient arabe. Toute une génération de poètes se lève en Egypte, dans la grande Syrie et dans l'émigration syro-libanaise des deux Amériques. Le mouvement littéraire de l'émigration, Gibran le "domine de son génie", nous disent Luc Norin et Edouard Tarabay (*) qui soulignent sa langue "étincelante" et son style "qui renouvela à lui seul la prose arabe". Gibran n'a publié qu'un recueil de poèmes conformes aux règles classiques de la rime et du rythme. Il a préféré une forme plus souple, celle du verset, dont les Arabes louent l'extraordinaire musicalité.

Mais ce magicien du verbe arabe s'est révélé aussi un remarquable artisan de la langue anglaise. Il a écrit plusieurs œuvres directement dans cette langue, notamment *Jesus, the Son of Man* (qui donne de la personne du Christ une interprétation nettement gnostique) et *The Garden of the Prophet*. Il a surtout recréé en anglais des œuvres qu'il avait d'abord composées en arabe : il s'agit bien de recréations et non pas simplement de traductions.

L'exemple le plus marquant de ce travail de recomposition est *The Prophet*. Ce livre, qui est son chef-d'œuvre, il l'a porté toute sa vie. Il en avait rédigé une première version en arabe à l'âge de quinze ans. Dans sa vingtième année, il l'avait entièrement réécrit et dans sa trente-quatrième année il l'avait une nouvelle fois remanié, amplifié et perfectionné. La version anglaise a été rédigée une première fois après cette troisième version arabe. Il l'a retravaillée quatre fois avant de la confier à l'impression. "Je pense, disait-il, que je n'ai jamais vécu sans *Le Prophète* depuis que j'ai conçu le livre pour la première fois au Liban. Il semble avoir été une partie de moi-même. J'ai gardé le manuscrit quatre ans avant de le remettre à l'éditeur, parce que je voulais être sûr, je voulais être tout à fait sûr que chaque mot fût vraiment le meilleur que j'eusse à offrir." Et il disait encore : "Pendant que j'écrivais *Le Prophète*, le Prophète m'écrivait."

"Il est le William Blake du vingtième siècle", disait Auguste Rodin. Effectivement il fut, comme le créateur du *Mariage du ciel et de l'enfer*, peintre, poète et prophète; comme lui il fut un visionnaire, mais sa vision du monde ne doit rien à Blake. Entre ces deux visionnaires il y a les mêmes contrastes qu'entre la brume des îles Britanniques et l'éblouissante clarté méditerranéenne. Gibran a exalté le rêve, non comme une évasion, mais comme un moyen de découvrir la face cachée de la réalité, de toute la réalité, y compris la plus humble, la plus apparemment banale. Il n'y a pas, pour lui, de chose prosaïque, même pas le négoce, le boire et le manger ; tout peut être transfiguré par l'amour, tout peut ouvrir sur l'infini. Le rôle du poète-prophète est de voir et de faire voir le "saint visage de la vie", et d'éveiller au plus profond des âmes la nostalgie d'une plénitude que "la convoitise du bien-être" et l'agitation de la vie courante étouffent. Il révèle l'homme à lui-même et exalte la grandeur de son destin.

(*) Dans l'*Anthologie de la littérature arabe contemporaine*, T. III : *La poésie*, parue aux éditions du Seuil, Paris, 1967. Les auteurs écrivent Jubrân; quant à nous, nous croyons préférable de nous en tenir à l'orthographe qu'avait adoptée Gibran lui-même pour ses œuvres en anglais et qu'a retenue le Comité national Khalil Gibran au Liban.

LE PROPHÈTE

Traduit par Camille Aboussouan

Almustafa, l'élu et le bien-aimé, qui était l'aurore de son propre jour, avait attendu durant douze années dans la cité d'Orphalese que revînt le vaisseau qui devait le ramener dans l'île de sa naissance.
Et la douzième année, au septième jour d'Ielool, mois de la récolte, il gravit la colline hors des murs de la ville et regarda la mer ; et il aperçut son vaisseau venant avec la brume.
Alors les portes de son cœur furent arrachées et sa joie vola loin sur la mer. Et il ferma les yeux et pria dans les silences de son âme.

Mais comme il descendait la colline, il fut saisi de tristesse et il pensa en son cœur :
Comment pourrais-je aller en paix et sans regret ? Non, ce n'est point sans une blessure à l'âme que je quitterai cette cité.
Longs ont été les jours d'amertume que j'ai passés dans ses murs, et longues furent les nuits de la solitude ; et qui peut abandonner son amertume et sa solitude sans regret ?

J'ai dispersé trop de fragments de l'esprit dans ces rues, et trop nombreux sont les enfants de mon attente qui marchent nus parmi ces collines, et je ne puis m'en détacher sans oppression et sans douleur.
Ce n'est pas un vêtement que j'enlève en ce jour mais une peau que j'arrache de mes propres mains.
Et ce n'est pas une pensée que je laisse derrière moi, mais un cœur rendu doux par la faim et la soif.

Mais je ne puis demeurer davantage.
La mer qui appelle toutes choses vers elle me réclame, et je dois m'embarquer.
Car rester, cependant que les heures brûlent dans la nuit, c'est se laisser prendre dans le cristal du gel et être immobilisé dans un moule.
Volontiers emporterais-je avec moi tout ce qui est ici.
Mais comment le pourrais-je ?
Une voix ne peut emporter la langue et les lèvres qui lui ont donné des ailes. Elle doit s'élancer, seule, dans l'éther.
Et seul et sans son nid l'aigle volera à travers le soleil.

Puis, quand il parvint au pied de la colline, il se tourna vers la mer à nouveau, et il vit son vaisseau approcher du port et sur la proue les marins, les hommes de sa propre terre.

Et son âme cria vers eux, et il dit :
Fils de mon antique mère, vous cavaliers des flots,
Que de fois avez-vous navigué dans mes rêves.
Et maintenant vous arrivez à mon réveil, qui est mon rêve le plus profond.
Me voici prêt à partir, et mon impatience aux voiles déployées attend le vent.

Je ne respirerai qu'une dernière bouffée de cet air calme, je ne jetterai qu'un dernier regard d'amour en arrière,
Et alors je serai au milieu de vous, un navigant parmi les navigants.
Et vous, étendue salée, mère toujours en éveil,
Qui seule accorde paix et liberté au fleuve et à la rivière,
Ce fleuve n'a plus qu'une courbe à tracer, n'a plus qu'un instant à murmurer dans cette clairière,
Et alors je viendrai à vous, telle une goutte illimitée vers un océan sans bornes.

Et alors qu'il marchait il vit au loin hommes et femmes quitter leurs champs et leurs vignes et se hâter vers les portes de la cité.
Et il entendit leurs voix qui prononçaient son nom et qui s'interpellaient de champ à champ pour s'annoncer l'arrivée de son vaisseau.

Et il se dit : Le jour du départ doit-il être celui de la récolte ?
Et sera-t-il dit que ma veille n'était en vérité que mon aurore ?
Et que donnerai-je à celui qui a abandonné sa charrue au milieu du sillon ou à celui qui a arrêté la roue de son pressoir ?
Faut-il que mon cœur devienne un arbre lourd de fruits que je puisse cueillir et distribuer ?
Et faut-il que mes vœux jaillissent comme une source, que je puisse remplir leurs coupes ?
Suis-je une harpe que la main du Puissant puisse me toucher, ou une flûte que son souffle puisse me traverser ?
Je ne suis qu'un chercheur de silences, et quel trésor ai-je trouvé en mes silences que je puisse dispenser avec confiance ?
Si aujourd'hui est mon jour de récolte, dans quels champs ai-je jeté la graine et en quelles saisons oubliées ?
Si c'est en réalité l'heure à laquelle je lève ma lampe, ce n'est pas ma flamme qui y brûlera.
Vide et obscure je lèverai ma lampe,
Et le gardien de la nuit l'emplira d'huile et il l'allumera aussi.

Ces choses il les exprima en paroles. Mais beaucoup demeurèrent en son cœur, inexprimées. Car lui-même ne pouvait révéler son plus profond secret.

Et lorsqu'il pénétra dans la cité, tout le peuple vint à lui et il criait vers lui comme d'une seule voix.
Et les anciens de la cité s'avancèrent et dirent :
Ne vous éloignez pas de nous déjà.
Vous avez été le plein midi dans notre crépuscule, et votre jeunesse nous a donné des rêves à rêver.
Vous n'êtes, parmi nous, ni un étranger ni un hôte, mais notre fils et notre très aimé.
Que nos yeux ne soient pas déjà privés de votre visage.

Et les prêtres et les prêtresses lui dirent :
Ne laissez pas les vagues de la mer nous séparer désormais et les années que vous avez passées avec nous devenir un souvenir.
Vous avez marché parmi nous comme un esprit et votre ombre a été lumière sur nos visages.
Nous vous avons beaucoup aimé. Mais notre amour était muet et voilé.
Mais maintenant il vous appelle à haute voix et voudrait se révéler à vous.
Et il en a toujours été ainsi de l'amour, il ne connaît sa véritable profondeur qu'à l'instant de la séparation.

Et d'autres vinrent aussi et l'implorèrent. Mais il ne leur répondit point. Il inclina seulement la tête ; et ceux qui étaient près de lui virent les larmes tomber sur sa poitrine.

Et avec le peuple il se rendit à la grand-place devant le temple.

Et alors sortit du sanctuaire une femme dont le nom était Almitra. Et c'était une voyante.

Et il la regarda avec une extrême tendresse car c'était elle qui, la première, l'avait suivi et qui avait cru en lui dès son premier jour dans leur cité.

Et elle le salua, disant :

Prophète de Dieu, à la recherche de l'infini, longtemps vous avez scruté les horizons pour y découvrir votre vaisseau.

Et maintenant votre vaisseau est venu, et vous devez partir.

Profonde est votre attente du pays de vos souvenirs et de la demeure de vos plus grands désirs ; et notre amour ne voudrait pas vous attacher, ni nos besoins vous retenir.

Pourtant, avant que vous ne nous quittiez, nous souhaitons que vous nous parliez et nous donniez de votre vérité.

Et nous la donnerons à nos enfants, et eux-mêmes à leurs enfants et elle ne périra point.

Dans votre solitude, vous avez veillé avec nos jours et dans votre veille vous avez écouté les pleurs et les rires de notre sommeil.

Maintenant, révélez-nous donc à nous-mêmes et dites-nous tout ce qui vous a été découvert de cela qui est entre la naissance et la mort.

Et il répondit :

Peuple d'Orphalese, de quoi puis-je parler si ce n'est de ce qui émeut actuellement vos âmes ?

Alors Almitra dit : Parlez-nous de l'Amour.
Et il leva la tête et regarda le peuple, et un silence tomba sur eux. Et d'une voix forte il dit :
Quand l'amour vous fait signe, suivez-le,
Bien que ses voies soient dures et escarpées.
Et lorsque ses ailes vous enveloppent, cédez-lui,
Bien que l'épée cachée dans son pennage puisse vous blesser.
Et lorsqu'il vous parle, croyez en lui,
Malgré que sa voix puisse briser vos rêves comme le vent du nord saccage vos jardins.

Car de même que l'amour vous couronne, il doit vous crucifier. De même qu'il est pour votre croissance il est aussi pour votre élagage.
De même qu'il s'élève à votre hauteur et caresse vos branches les plus légères qui tremblent dans le soleil,
Ainsi pénétrera-t-il jusques à vos racines et secouera dans leur attachement à la terre.

Comme des gerbes de blé il vous emporte.
Il vous bat pour vous mettre à nu.
Il vous tamise pour vous libérer de votre bale.
Il vous broie jusqu'à la blancheur.
Il vous pétrit jusqu'à ce que vous soyez souples ;
Et alors il vous livre à son feu, pour que vous puissiez devenir le pain sacré du festin de Dieu.

Toutes ces choses, l'amour vous les fera pour que vous puissiez connaître les secrets de votre cœur et devenir, en cette connaissance, un fragment du cœur de la Vie.

Mais si, dans votre peur, vous ne recherchez que la paix de l'amour et le plaisir de l'amour,
Alors il vaut mieux couvrir votre nudité et sortir de l'aire de l'amour,
Pour vous rendre dans le monde sans saisons où vous rirez, mais non pas tous vos rires, et pleurerez, mais non pas toutes vos larmes.

L'amour ne donne que de lui-même et ne prend que de lui-même.
L'amour ne possède pas, et ne veut pas être possédé ;
Car l'amour suffit à l'amour.

Quand vous aimez, vous ne devez pas dire "Dieu est dans mon cœur", mais plutôt, "je suis dans le cœur de Dieu".
Et ne pensez pas que vous pouvez guider le cours de l'amour, car l'amour, s'il vous trouve dignes, dirigera votre cours.

L'amour n'a point d'autre désir que de s'accomplir.
Mais si vous aimez et devez avoir des désirs, qu'ils soient ceux-ci :
Se fondre et être un ruisseau coulant qui chante sa mélodie à la nuit.
Connaître la douleur de trop de tendresse.
Etre blessé par sa propre intelligence de l'amour ;
Et saigner volontiers et joyeusement.
Se réveiller à l'aurore avec un cœur ailé et rendre grâce pour une autre journée d'amour ;
Se reposer à l'heure de midi et méditer sur l'extase de l'amour ;
Rentrer en sa demeure au crépuscule avec gratitude,
Et alors dormir avec en son cœur une prière pour le bien-aimé, et sur les lèvres un chant de louange.

Alors Almitra parla de nouveau et dit,
Et le Mariage, Maître ?
Et il répondit, disant :
Vous êtes nés ensemble et ensemble vous resterez pour toujours.
Vous resterez ensemble quand les blanches ailes de la mort dispersseront vos jours.
Oui, vous serez ensemble jusque dans la silencieuse mémoire de Dieu.
Mais qu'il y ait des espaces dans votre communion,
Et que les vents du ciel dansent entre vous.

Aimez-vous l'un l'autre, mais ne faites pas de l'amour une entrave :
Qu'il soit plutôt une mer mouvante entre les rivages de vos âmes.
Emplissez chacun la coupe de l'autre mais ne buvez pas à une seule coupe.
Partagez votre pain mais ne mangez pas de la même miche.
Chantez et dansez ensemble et soyez joyeux, mais demeurez chacun seul,
De même que les cordes d'un luth sont seules cependant qu'elles vibrent de la même harmonie.

Donnez vos cœurs, mais non pas à la garde l'un de l'autre.
Car seule la main de la Vie peut contenir vos cœurs.
Et tenez-vous ensemble, mais pas trop proches non plus :
Car les piliers du temple s'érigent à distance,
Et le chêne et le cyprès ne croissent pas dans l'ombre l'un de l'autre.

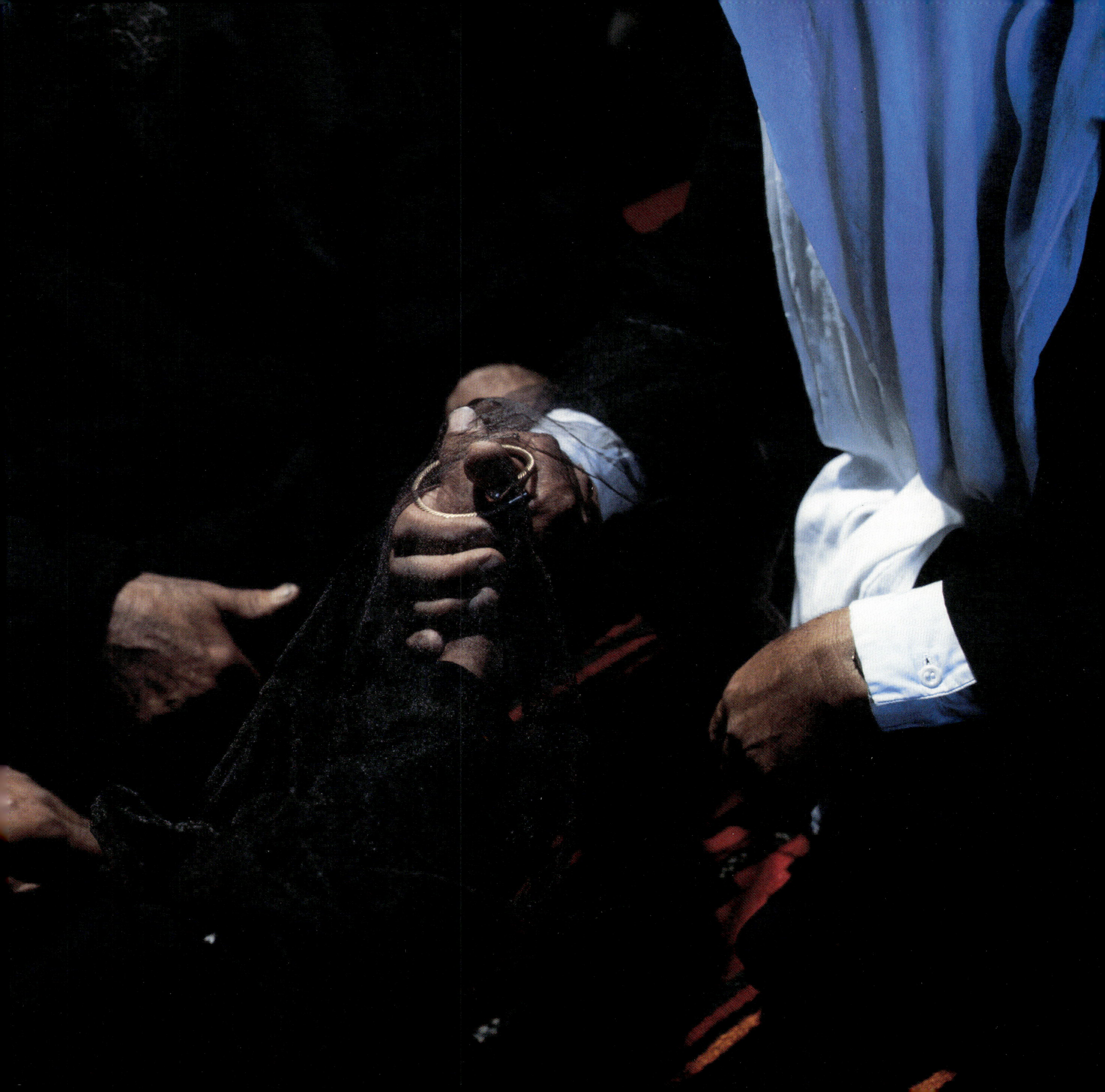

Et une femme qui portait un enfant dans les bras dit, Parlez-nous des Enfants.

Et il dit :

Vos enfants ne sont pas vos enfants.

Ils sont les fils et les filles de l'appel de la Vie à elle-même.

Ils viennent à travers vous mais non de vous.

Et bien qu'ils soient avec vous, ils ne vous appartiennent pas.

Vous pouvez leur donner votre amour mais non point vos pensées,

Car ils ont leurs propres pensées.

Vous pouvez accueillir leurs corps mais pas leurs âmes,

Car leurs âmes habitent la maison de demain, que vous ne pouvez visiter, pas même dans vos rêves.

Vous pouvez vous efforcer d'être comme eux, mais ne tentez pas de les faire comme vous.

Car la vie ne va pas en arrière, ni ne s'attarde avec hier.

Vous êtes les arcs par qui vos enfants, comme des flèches vivantes, sont projetés.

L'Archer voit le but sur le chemin de l'infini et Il vous tend de Sa puissance pour que Ses flèches puissent voler vite et loin.

Que votre tension par la main de l'Archer soit pour la joie ;

Car de même qu'Il aime la flèche qui vole, Il aime l'arc qui est stable.

Alors, un homme riche dit, Parlez-nous du Don.

Et il répondit :

Vous ne donnez que peu lorsque vous donnez de vos biens.

C'est lorsque vous donnez de vous-même que vous donnez réellement.

Car, que sont vos biens sinon des choses que vous conservez jalousement par crainte d'en avoir besoin demain ?

Et demain, qu'apportera demain au chien trop prudent cachant des os dans le sable mouvant alors qu'il suit les pèlerins vers la ville sainte ?

Et qu'est la peur de la misère, sinon la misère elle-même ?

Et la crainte de la soif devant votre puits plein, n'est-elle pas déjà la soif inextinguible ?

Il en est qui donnent peu de l'abondance qu'ils ont – et ils donnent pour susciter la reconnaissance, et leur désir secret corrompt leur don.

Il en est qui ont peu et qui le donnent entièrement.

Ceux-ci croient en la vie et dans la bonté de la vie, et leur coffre n'est jamais vide.

Il en est qui donnent avec joie, et cette joie est leur récompense.

Il en est qui donnent avec douleur, et cette douleur est leur baptême.

Il en est qui donnent et ne ressentent ni douleur ni joie et ne sont pas conscients de leur vertu ;

Ils donnent comme dans la vallée là-bas le myrte exhale son parfum dans l'espace.

Par les mains de tels êtres, Dieu parle, et à travers leur regard Il sourit à la terre.

Il est bien de donner lorsqu'on est sollicité, mais il est mieux de donner sans être sollicité, par compréhension ;
Et pour les généreux, rechercher ceux qui recevront est une joie plus grande que le don.
Et est-il une chose que vous voudriez refuser ?
Tout ce que vous avez sera donné un jour ;
Donnez donc maintenant, afin que la saison de donner soit vôtre et non celle de vos héritiers.

Vous dites souvent : "Je donnerai, mais seulement à ceux qui le méritent."
Les arbres de vos vergers ne parlent pas ainsi, ni les troupeaux dans vos pâturages.
Ils donnent afin de vivre, car retenir c'est périr.
Sûrement celui qui est digne de recevoir ses jours et ses nuits, est digne de tout recevoir de vous.
Et celui qui a mérité de boire à l'océan de la vie mérite de remplir sa coupe à votre ruisselet.
Et y a-t-il mérite plus grand que celui qui réside dans le courage et la confiance, oui, dans la charité de recevoir ?
Et qui êtes-vous pour que les hommes se déchirent la poitrine et se dépouillent de leur fierté, de sorte que vous puissiez voir leur dignité mise à nu et leur fierté exposée ?
Voyez d'abord à mériter vous-mêmes d'être donneur et instrument du don.
Car en vérité, c'est la vie qui donne à la vie – alors que vous, qui vous imaginez être donneurs, n'êtes en réalité que témoins.

Et vous qui recevez – et vous recevez tous – n'assumez aucune charge de gratitude, de crainte d'imposer un joug à vous-mêmes et à celui qui donne.
Elevez-vous plutôt avec celui qui donne, prenant ses dons comme si c'étaient des ailes ;
Car être trop soucieux de votre dette, c'est douter de sa générosité qui a la terre magnanime pour mère et Dieu pour père.

Alors un vieil homme, tenancier d'une auberge, dit, Parlez-nous du Manger et du Boire.
Et il dit :
Puissiez-vous vivre du parfum de la terre, et comme une plante vous sustenter de lumière.
Mais puisque vous devez tuer pour manger, et ravir au nouveau-né le lait de sa mère pour étancher votre soif, faites-en donc un acte de dévotion,
Et que votre table soit un autel sur lequel les purs et les innocents de la forêt et de la plaine sont sacrifiés pour ce qui est plus pur et plus innocent en l'homme.

Lorsque vous tuez une bête, dites-lui en votre cœur :
"Par la même puissance qui t'immole, moi aussi je suis immolé ; et moi aussi je serai dévoré.
Car la loi qui t'a livrée entre mes mains me livrera entre des mains plus puissantes.
Ton sang et mon sang ne sont que la sève qui nourrit l'arbre du ciel."

Et lorsque vous mordez une pomme à pleines dents, dites-lui en votre cœur :
"Tes semences vivront dans mon corps,
Et les bourgeons de tes lendemains fleuriront dans mon cœur,
Et ton parfum sera mon haleine,
Et ensemble nous nous réjouirons en toutes saisons."

Et à l'automne, lorsque vous cueillez le raisin de vos vignes pour le pressoir, dites en votre cœur :
"Moi aussi je suis une vigne et mon fruit sera cueilli pour le pressoir,
Et comme du vin nouveau je serai placé dans des vases éternels."
Et en hiver, lorsque vous tirez le vin, qu'il y ait en votre cœur un chant pour chaque coupe ;
Et qu'il y ait dans le chant une pensée pour les jours d'automne, et pour la vigne, et pour le pressoir.

Alors un laboureur dit, Parlez-nous du Travail.
Et il répondit, disant :
Vous travaillez pour pouvoir aller au rythme de la terre et de l'âme de la terre.
Car être oisif c'est devenir étranger aux saisons, et s'écarter de la procession de la vie, qui avance majestueusement et en fière soumission vers l'infini.

Lorsque vous travaillez, vous êtes une flûte à travers laquelle le murmure des heures se transforme en musique.
Lequel d'entre vous voudrait être un roseau, muet et silencieux, alors que tout chante à l'unisson ?

Toujours on vous a dit que le travail est une malédiction et le labeur une infortune.
Mais je vous dis que lorsque vous travaillez vous accomplissez une part du rêve le plus lointain de la terre, qui vous fut assignée lorsque ce rêve naquit.
Et en vous gardant unis au travail, en vérité vous aimez la vie,
Et aimer la vie à travers le travail, c'est être initié au plus intime secret de la vie.

Mais si dans votre douleur vous appelez la naissance une affliction et le poids de la chair une malédiction inscrite sur votre front, alors je réponds que seule la sueur de votre front lavera ce qui est inscrit.

On vous a dit aussi que la vie est obscurité, et dans votre fatigue vous répétez ce que disent les las.
Et je vous dis que la vie est réellement obscurité sauf là où il y a élan,

Et tout élan est aveugle sauf là où il y a savoir,
Et tout savoir est vain sauf là où il y a travail,
Et tout travail est vide sauf là où il y a amour ;
Et lorsque vous travaillez avec amour vous vous liez à vous-même, et l'un à l'autre, et à Dieu.

Et qu'est-ce que travailler avec amour ?
C'est tisser l'étoffe avec des fils tirés de votre cœur, comme si votre bien-aimé devait porter cette étoffe.
C'est bâtir une maison avec affection, comme si votre bien-aimé devait demeurer en cette maison.
C'est semer des grains avec tendresse et récolter la moisson avec joie, comme si votre bien-aimé devait en manger le fruit.
C'est mettre en toutes choses que vous façonnez un souffle de votre propre esprit,
Et savoir que tous les morts bienheureux se tiennent auprès de vous et veillent.

Souvent je vous ai entendus dire, comme si vous parliez dans votre sommeil, "Celui qui travaille le marbre, et qui trouve la forme de son âme dans la pierre, est plus noble que celui qui laboure le sol.
Et celui qui saisit l'arc-en-ciel et l'étend sur la toile à la ressemblance de l'homme, est plus que celui qui fait des sandales pour nos pieds."
Mais moi je dis, non pas en sommeil, mais dans le plein éveil du milieu du jour, que le vent ne parle pas plus doucement au chêne géant qu'au plus infime de tous les brins d'herbe ;
Et celui-là seul est grand qui transforme la voix du vent en un chant rendu plus doux par son propre amour.

Le travail est l'amour rendu visible.
Et si vous ne pouvez travailler avec amour mais seulement avec dégoût, il vaut mieux abandonner votre travail et vous asseoir à la porte du temple et recevoir l'aumône de ceux qui œuvrent dans la joie.
Car si vous faites le pain avec indifférence, vous faites un pain amer qui n'apaise qu'à moitié la faim de l'homme.
Et si vous pressez le raisin de mauvaise grâce, votre regret distille un poison dans le vin.
Et si même vous chantez comme les anges et n'aimez pas le chant, vous fermez les oreilles de l'homme aux voix du jour et aux voix de la nuit.

Alors une femme dit, Parlez-nous de la Joie et de la Tristesse.
Et il répondit :
Votre joie est votre tristesse sans masque.
Et le même puits d'où fuse votre rire fut souvent rempli de vos larmes.

Et comment en serait-il autrement ?
Plus profondément le chagrin creusera votre être, plus vous pourrez contenir de joie.
La coupe qui contient votre vin n'est-elle pas la même coupe qui fut cuite dans le four du potier ?
Et le luth qui caresse votre âme, n'est-il pas le même bois qui fut évidé au couteau ?
Lorsque vous êtes joyeux, regardez profondément en votre cœur et vous trouverez que ce qui vous apporte de la joie n'est autre que ce qui vous a donné de la tristesse.
Lorsque vous êtes tristes, regardez à nouveau en votre cœur, et vous verrez qu'en vérité vous pleurez pour ce qui fut votre délice.
Il en est parmi vous qui disent : "La joie est plus grande que la tristesse", et d'autres disent : "Non, la tristesse est plus grande."
Mais moi je vous dis qu'elles sont inséparables.
Ensemble elles viennent, et quand l'une vient s'asseoir seule avec vous à votre table, rappelez-vous que l'autre dort sur votre lit.

En vérité vous êtes suspendus comme une balance entre votre tristesse et votre joie.
Ce n'est que lorsque vos plateaux sont vides que vous êtes immobiles et en équilibre.
Lorsque le gardien du trésor vous soulèvera pour peser son or et son argent, il faudra que votre joie ou votre tristesse s'élève ou s'abaisse.

Alors un maçon s'avança et dit, Parlez-nous de Maisons.
Et il répondit et dit :
Bâtissez de vos rêves une retraite dans le désert avant de bâtir une maison dans l'enceinte de la ville.
Car de même que vous avez des retours au foyer en votre crépuscule, ainsi le voyageur en vous, celui qui est toujours loin et seul.
Votre maison est votre plus grand corps.
Elle grandit dans le soleil et dort dans le silence de la nuit ; et elle n'est pas sans rêves. Votre maison ne rêve-t-elle pas ? et en rêve, ne quitte-t-elle pas la ville pour le bosquet ou la colline ?

O si je pouvais cueillir vos maisons dans ma main et comme un semeur les éparpiller dans les forêts et les prés.
Fasse que les vallées soient vos rues et les verts sentiers vos ruelles, que vous puissiez vous chercher l'un l'autre à travers les vignes et ramener les senteurs de la terre dans vos vêtements.
Mais il n'est pas encore le temps de ces choses.
Dans leur peur, vos aïeux vous ont rassemblés trop près l'un de l'autre. Et cette peur durera encore un peu de temps. Encore un peu de temps les murs de vos cités sépareront vos foyers de vos champs.

Et dites-moi, peuple d'Orphalese, qu'avez-vous dans ces maisons ? Et que gardez-vous derrière ces portes fermées ?
Avez-vous la paix, la tranquille impulsion qui révèle votre puissance ?
Avez-vous des souvenirs, ces voûtes brillantes qui surplombent les sommets de l'esprit ?
Avez-vous la beauté, qui détourne le cœur des objets faits de bois et de pierre pour l'orienter vers la montagne sainte ?
Dites-moi, avez-vous cela dans vos maisons ?
Ou n'avez-vous que le bien-être, et la convoitise du bien-être, ce désir furtif qui entre en invité dans la maison, puis y devient un hôte, et puis un maître ?

Oui, et il devient dompteur, et avec fourche et fouet il fait des pantins de vos plus généreux désirs.
Bien que ses mains soient de soie, son cœur est de fer.
Il vous berce jusqu'au sommeil uniquement pour hanter votre chevet et se gausser de la dignité de la chair.
Il se moque de vos sens qui sont bons et les couche dans de l'ouate comme des vases fragiles.
En vérité, la convoitise du bien-être tue la passion de l'âme, et suit en ricanant ses funérailles.

Mais vous, enfants de l'espace, vous les inquiets dans le repos, vous ne serez ni capturés ni apprivoisés.
Votre maison ne sera pas une ancre mais un mât.
Elle ne sera pas un voile étincelant qui couvre une plaie, mais une paupière qui protège l'œil.
Vous ne replierez pas vos ailes afin de pouvoir franchir les portes, ni ne courberez vos têtes pour qu'elles ne heurtent pas les plafonds, ni ne craindrez de respirer de peur que les murs ne se fendent et s'écroulent.
Vous n'habiterez pas des tombes construites par les morts pour les vivants.
Même faite avec magnificence et splendeur, votre maison ne saurait contenir votre secret ni abriter votre désir.
Car ce qui est infini en vous habite le château du ciel, dont la porte est la brume du matin, et dont les fenêtres sont les chants et les silences de la nuit.

Et le tisserand dit, Parlez-nous de Vêtements.
Et il répondit
Vos vêtements dissimulent une grande part de votre beauté, mais ils ne cachent pas ce qui n'est pas beau.
Et bien que vous cherchiez en vos vêtements l'abri de votre intimité, vous risquez d'y trouver un harnais et une chaîne.
Puissiez-vous rencontrer le soleil et le vent avec davantage de votre épiderme et moins de vos vêtements.
Car le souffle de la vie est dans le soleil et la main de la vie est dans le vent.

Certains d'entre vous disent : "C'est le vent du nord qui a tissé les habits que nous portons."
Et moi je dis, Oui, c'est le vent du nord,
Mais la honte fut son métier et l'amollissement des nerfs fut son fil.
Et lorsque son travail fut accompli, il rit dans la forêt.
N'oubliez pas que la pudeur n'est qu'un bouclier contre l'œil de l'impur.
Et quand l'impur disparaît, que devient la pudeur sinon une entrave et une souillure de l'esprit ?
Et n'oubliez pas que la terre se réjouit de sentir vos pieds nus et que les vents joueraient volontiers avec vos cheveux.

Et un marchand dit, Parlez-nous d'Acheter et de Vendre.
Et il répondit et dit :
Pour vous la terre livre son fruit, et vous ne manquerez de rien si vous savez comment remplir vos mains.
C'est en échangeant les dons de la terre que vous trouverez l'abondance et serez comblés.
Cependant, à moins que l'échange ne se fasse dans l'amour et la justice bienveillante, il conduira les uns à l'avidité et les autres à la faim.
Lorsqu'au marché, travailleurs de la mer, des champs et des vignes, vous rencontrez les tisserands et les potiers et les cueilleurs d'épices,
Invoquez alors l'esprit maître de la terre, qu'il vienne parmi vous et sanctifie les balances et le calcul qui oppose valeur à valeur.
Et ne souffrez point que ceux qui ont les mains stériles prennent part à vos transactions, eux qui vendent leurs paroles en échange de votre travail.
A de tels hommes vous direz :
"Venez avec nous au champ, ou allez avec nos frères vers la mer et jetez votre filet ;
Car autant qu'à nous la terre et la mer vous seront généreuses."
Et si viennent les chanteurs et les danseurs et les joueurs de flûte, achetez de leurs offres également.
Car eux aussi sont cueilleurs de fruit et d'encens, et ce qu'ils apportent, quoique façonné de rêves, est vêtement et nourriture pour votre âme.
Et avant que vous ne quittiez le marché, voyez si personne n'est parti les mains vides.
Car l'esprit maître de la terre ne reposera pas en paix sur le vent tant que les besoins du moindre d'entre vous n'auront pas été satisfaits.

Alors un des juges de la cité s'avança et dit,
Parlez-nous de Crime et de Châtiment.
Et il répondit, disant :
C'est lorsque votre esprit erre sur le vent,
Que par votre seule imprudence, vous causez préjudice à d'autres et donc à vous-mêmes.
Et pour ce préjudice vous devrez frapper à la porte des élus et attendre dans le dédain.

Comme l'océan, est votre moi-divin ;
Il demeure à jamais immaculé.
Et comme l'éther, il ne soulève que les ailés.
Tout comme le soleil, est votre moi-divin ;
Il ne connaît pas les chemins de la taupe ni ne cherche les trous du serpent.
Mais votre moi-divin n'est pas seul dans votre être.
Beaucoup en vous est encore homme, et beaucoup en vous n'est pas encore homme,
Mais un pygmée informe qui marche endormi dans le brouillard à la recherche de son propre éveil.
Et de l'homme en vous je voudrais parler maintenant.
Car c'est lui et non votre moi-divin ni le pygmée dans le brouillard, qui connaît le crime et le châtiment du crime.

Souvent je vous ai entendus parler de celui qui commet une mauvaise action comme s'il n'était pas l'un des vôtres, mais un étranger parmi vous et un intrus dans votre monde.
Mais je vous le dis, de même que le saint et le juste ne peuvent s'élever au-dessus de ce qu'il y a de plus élevé en chacun de vous,
Ainsi le mauvais et le faible ne peuvent tomber au-dessous de ce qu'il y a également de plus bas en vous.

Et de même qu'une seule feuille ne jaunit qu'avec le silencieux assentiment de l'arbre entier,
Ainsi le malfaiteur ne peut agir mal sans le secret acquiescement de vous tous.
Comme une procession vous avancez ensemble vers votre moi-divin.
Vous êtes le chemin et ceux qui cheminent.
Et lorsque l'un d'entre vous tombe, il tombe pour ceux qui sont derrière lui, les prévenant de la pierre d'achoppement.
Oui, et il tombe pour ceux qui sont devant lui, qui bien qu'ayant le pied plus rapide et plus sûr, n'ont pourtant pas écarté la pierre.

Et ceci encore, dût le mot peser lourdement sur vos cœurs :
L'assassiné n'est pas irresponsable de son propre assassinat,
Et le volé n'est pas irréprochable d'avoir été volé.
Et le juste n'est pas innocent des actions du méchant,
Et celui qui a les mains blanches n'est pas indemne des actes du félon.
Oui, le coupable est souvent la victime de l'offensé,
Et plus souvent encore le condamné supporte le fardeau pour l'innocent et pour l'irréprochable.
Vous ne pouvez séparer le juste de l'injuste et le bon du méchant ;
Car ils se tiennent tous deux devant la face du soleil, tout comme les fils noir et blanc sont tissés ensemble.
Et quand le fil noir vient à se rompre, le tisserand vérifie tout le tissu, et il examine aussi le métier.

Si l'un d'entre vous met en jugement l'épouse infidèle,
Qu'il pèse aussi dans la balance le cœur de son mari, et mesure son âme avec soin.

Et que celui qui veut cingler l'offenseur regarde l'âme de l'offensé.
Et si l'un d'entre vous punit au nom de la droiture et plante la hache dans l'arbre du mal, qu'il en considère aussi les racines ;
Et en vérité il trouvera les racines du bon et du mauvais, du porteur de fruits et du stérile, entrelacées dans le cœur silencieux de la terre.
Et vous, juges qui voulez être justes,
Quel jugement prononcerez-vous contre celui qui bien qu'honnête en la chair est voleur en esprit ?
Quelle sanction déciderez-vous contre celui qui tue dans la chair alors qu'il est lui-même tué dans l'esprit ?
Et comment poursuivrez-vous celui qui dans ses actes est de mauvaise foi et oppresseur,
Mais est, lui aussi, lésé et outragé ?

Et comment punirez-vous ceux dont le remords est déjà plus grand que leurs méfaits ?
Le remords n'est-il pas la justice rendue par cette même loi que vous voulez servir ?
Cependant vous ne pouvez mettre le remords sur l'innocent ni l'enlever du cœur du coupable.
Spontanément il criera dans la nuit, pour que les hommes veillent et se considèrent.
Et vous qui voulez comprendre la justice, comment le pourrez-vous, à moins de regarder toutes choses dans l'éclat de la lumière ?
Alors seulement vous saurez que le juste et le déchu ne sont qu'un seul homme debout dans le crépuscule entre la nuit de son moi-pygmée et le jour de son moi-divin,
Et que la pierre angulaire du temple n'est pas supérieure à la pierre la plus basse de ses fondations.

Alors un juriste dit, Mais qu'en est-il de nos Lois, Maître ?
Et il répondit :
Vous vous complaisez à établir des lois,
Mais vous vous complaisez davantage à les violer.
Tels des enfants qui jouent au bord de l'océan et qui construisent avec persévérance des tours de sable qu'ils détruisent en riant.
Mais durant que vous construisez vos tours de sable, l'océan apporte davantage de sable au rivage.
Et lorsque vous les détruisez, l'océan rit avec vous.
En vérité, l'océan rit toujours avec le simple.

Mais qu'en est-il de ceux pour qui la vie n'est pas un océan, et pour qui les lois de l'homme ne sont pas tours de sable,
Mais pour qui la vie est un roc, et la loi un ciseau avec lequel ils veulent la sculpter à leur propre ressemblance ?
Qu'en est-il de l'estropié qui hait les danseurs ?
Qu'en est-il du bœuf qui aime son joug et estime que le daim et l'élan de la forêt sont choses égarées et vagabondes ?
Qu'en est-il du vieux serpent qui ne peut rejeter sa peau, et qui qualifie tous les autres de nus et de sans pudeur ?
Et de celui qui arrive tôt à la noce, et qui s'en va repu et fatigué, disant que tout festin est une faute et que tout convive enfreint la loi ?

Que dirai-je de ceux-là sinon qu'ils se tiennent, eux aussi, dans la lumière, mais le dos au soleil ?
Ils ne voient que leurs ombres, et leurs ombres sont leurs lois.
Et qu'est le soleil pour eux sinon un créateur d'ombres ?
Et qu'est-ce que reconnaître les lois sinon s'incliner et tracer leurs ombres sur la terre ?
Mais vous qui marchez face au soleil, quelles images reflétées sur la terre peuvent vous retenir ?
Vous qui voyagez avec le vent, quelle girouette orientera votre course ?
Quelle loi d'homme vous entravera si vous ne brisez votre joug sur aucune porte de prison ?
Quelles lois craindrez-vous si vous dansez sans trébucher dans aucune chaîne de fer ?
Et qui pourra vous déférer en jugement si vous arrachez vos vêtements sans les abandonner dans le sentier d'autrui ?

Peuple d'Orphalese, vous pouvez voiler le tambour et vous pouvez délier les cordes de la lyre, mais qui pourra interdire à l'alouette de chanter ?

Et un orateur dit, Parlez-nous de la Liberté.
Et il répondit :
Aux portes de la cité, et dans vos foyers, je vous ai vus vous prosterner et adorer votre propre liberté,
Comme des esclaves qui s'humilient devant un tyran et qui le glorifient alors qu'il les détruit.
Oui, dans le bocage du temple et dans l'ombre de la citadelle, j'ai vu les plus libres d'entre vous porter leur liberté comme un joug et des menottes.
Et mon cœur saigna en moi ; car vous ne saurez être libres que lorsque même le désir de parvenir à la liberté deviendra pour vous un harnais et lorsque vous cesserez de parler de la liberté comme d'un but et d'un achèvement.

Vous serez libres en vérité non pas lorsque vos jours seront sans un souci et vos nuits sans un désir et sans une peine,
Mais plutôt lorsque ces choses enserreront votre vie et que vous vous élèverez au-dessus d'elles nus et sans entraves.

Et comment vous élèverez-vous au-dessus de vos jours et de vos nuits, si vous ne brisez les chaînes dont à l'aube de votre entendement vous avez chargé votre heure du midi ?
En vérité ce que vous appelez liberté est la plus forte de ces chaînes, bien que ses anneaux brillent au soleil et vous éblouissent.

Et qu'est-ce sinon des fragments de vous-mêmes que vous voulez écarter pour devenir libres ?
Si c'est une injuste loi que vous voulez abolir, cette loi fut écrite de votre propre main sur votre propre front.
Vous ne pourrez pas l'effacer en brûlant vos livres de lois ni en lavant les fronts de vos juges, même si vous déversiez sur eux la mer entière.
Et si c'est un despote que vous voulez détrôner, voyez d'abord si son trône en vous est bien détruit.
Car comment un tyran peut-il dominer les libres et les fiers, s'il n'existe une tyrannie dans leur propre liberté et une honte en leur propre fierté ?
Et si c'est une inquiétude que vous voulez chasser, cette inquiétude a été choisie par vous bien plus qu'elle ne vous a été imposée.
Et si c'est une peur que vous voulez dissiper, le siège de cette peur est en votre cœur et non dans la main que vous redoutez.

En vérité, toutes choses se meuvent en votre être intime dans une constante semi-étreinte, celles que vous désirez et celles que vous redoutez, celles qui vous répugnent et celles que vous chérissez, celles que vous poursuivez et celles que vous voulez fuir.
Ces choses se meuvent en vous comme des lumières et des ombres par couples étroitement unis.
Et quand l'ombre s'affaiblit et disparaît, la lumière qui s'attarde devient l'ombre d'une autre lumière.
Et ainsi votre liberté, lorsqu'elle perd ses entraves, devient elle-même l'entrave d'une plus grande liberté.

Et la prêtresse parla à nouveau et dit, Parlez-nous de la Raison et de la Passion.

Et il répondit, disant :

Votre âme est souvent un champ de bataille, où votre raison et votre jugement combattent votre passion et votre appétit.

Puissé-je être le pacificateur en votre âme, et transformer la discorde et la rivalité de vos éléments en unité et mélodie.

Mais comment le pourrais-je, à moins que vous-mêmes ne soyez aussi les pacificateurs, bien plus, les amis de tous vos éléments ?

Votre raison et votre passion sont le gouvernail et les voiles de votre âme navigante.

Si vos voiles ou votre gouvernail se brisent, vous ne pouvez qu'être ballottés et aller à la dérive, ou rester ancrés au milieu de la mer.

Car la raison, régnant seule, restreint tout élan ; et la passion abandonnée à elle-même est une flamme qui brûle jusqu'à sa propre destruction.

Ainsi, que votre âme élève votre raison à la hauteur de la passion, pour qu'elle puisse chanter ;

Et que la raison dirige votre passion pour que votre passion puisse vivre dans une quotidienne résurrection et tel le phénix renaître de ses propres cendres.

Je voudrais que vous considériez votre jugement et votre appétit comme vous le feriez de deux hôtes aimés dans votre maison.

Certes, vous ne voudriez pas honorer un hôte davantage que l'autre ; car celui qui porte plus d'attention à l'un perd l'amour et la confiance de tous les deux.

Lorsque, parmi les collines, vous êtes assis à l'ombre fraîche des peupliers blancs, partageant la paix et la sérénité des champs et des prairies qui s'étendent au loin, alors que votre cœur dise en silence : “Dieu repose en sa raison.”

Et lorsqu'éclate l'orage et qu'un vent fort secoue la forêt, et que le tonnerre et l'éclair proclament la majesté du ciel, alors que votre cœur dise avec révérence : “Dieu agit dans sa passion.”

Et puisque vous êtes un souffle dans la sphère de Dieu et une feuille dans la forêt de Dieu, vous aussi devez reposer dans la raison et vous mouvoir dans la passion.

Et une femme parla, disant, Parlez-nous de la Douleur.
Et il dit :
Par la douleur se brise la coquille qui enveloppe votre entendement.
De même que le noyau du fruit doit se rompre pour que son cœur puisse s'offrir au soleil, ainsi vous devez connaître la douleur.
Et pourriez-vous garder votre cœur dans l'émerveillement du miracle quotidien de votre vie, votre douleur n'apparaîtrait pas moins merveilleuse que votre joie ;
Et vous accepteriez les saisons de votre cœur, de même que vous avez toujours accepté les saisons qui passent sur vos champs.
Et vous veilleriez avec sérénité à travers les hivers de votre tristesse.

Beaucoup de votre douleur est par vous-mêmes choisi.
C'est la potion amère par laquelle le médecin en vous guérit votre moi malade.
Faites donc confiance au médecin et buvez sa potion en silence et tranquillité :
Car sa main, quoique lourde et dure, est guidée par la main bienveillante de l'Invisible,
Et la coupe qu'il offre, bien qu'elle brûle vos lèvres, a été façonnée de l'argile que le Potier a mouillée de Ses propres larmes sacrées.

Et un homme dit, Parlez-nous de la Connaissance de soi-même.
Et il répondit, disant :
Vos cœurs connaissent en silence les secrets des jours et des nuits.
Mais vos oreilles espèrent entendre l'écho de la connaissance de votre cœur.
Vous voudriez connaître en paroles ce que vous avez toujours connu en pensée.
Vous voudriez toucher de vos doigts le corps nu de vos songes.

Et c'est bien que vous le vouliez.
La source secrète de votre âme doit jaillir et courir en murmurant vers la mer ;
Et le trésor de vos profondeurs infinies veut être révélé à vos yeux.
Mais qu'il n'y ait pas de balance pour poser votre trésor inconnu ;
Et ne recherchez pas les profondeurs de votre connaissance avec perche ou sonde.
Car le moi est une mer sans limites et sans mesures.

Ne dites pas, "J'ai trouvé la vérité", mais plutôt, "J'ai trouvé une vérité".
Ne dites pas, "J'ai trouvé le sentier de l'âme", dites plutôt, "J'ai trouvé l'âme cheminant sur mon sentier".
Car l'âme chemine sur tous les sentiers.
L'âme ne chemine pas sur une ligne, ni ne croît comme un roseau.
L'âme se déplie comme un lotus aux pétales innombrables.

Alors, dit un Professeur, Parlez-nous d'Enseignement.

Et il dit :

Aucun homme ne peut rien vous révéler sinon ce qui repose déjà à demi endormi dans l'aube de votre connaissance.

Le maître qui marche à l'ombre du temple, parmi ses disciples, ne donne pas de sa sagesse mais plutôt de sa foi et de son amour.

S'il est vraiment sage, il ne vous invite pas à entrer dans la maison de sa sagesse, mais vous conduit plutôt au seuil de votre propre esprit.

L'astronome peut vous parler de sa compréhension de l'espace, mais il ne peut pas vous donner sa compréhension.

Le musicien peut chanter pour vous la mélodie qui est en tout espace, mais il ne peut vous donner l'oreille qui saisit le rythme, ni la voix qui lui fait écho.

Et celui qui est versé dans la science des nombres peut parler du domaine des poids et des mesures, mais ne peut vous y conduire.

Car la vision d'un homme ne prête pas ses ailes à un autre homme.

Et de même que chacun de vous se tient seul dans la connaissance de Dieu, de même chacun de vous doit être seul dans sa connaissance de Dieu et dans sa compréhension de la terre.

Et un adolescent dit, Parlez-nous de l'Amitié.

Et il répondit, disant :

Votre ami est la réponse à vos besoins.

Il est votre champ que vous ensemencez avec amour et moissonnez avec reconnaissance.

Et il est votre table et votre foyer.

Car vous venez à lui avec votre faim et vous le recherchez pour la paix.

Lorsque votre ami révèle sa pensée, ne craignez pas le "non" de votre propre esprit, ni ne refusez le "oui".

Et lorsqu'il est silencieux votre cœur ne cesse d'écouter son cœur ;

Car en amitié, toutes pensées, tous désirs, toutes attentes naissent sans paroles et se partagent dans une joie muette.

Lorsque vous vous séparez de votre ami, vous ne vous affligez pas ;

Car ce que vous aimez le plus en lui peut être clair en son absence, de même que pour l'ascensionniste la montagne est la plus nette vue de la plaine.

Et qu'il n'y ait pas de but dans l'amitié sinon l'approfondissement de l'esprit.

Car l'amour qui cherche autre chose que la révélation de son propre mystère n'est pas de l'amour mais un filet jeté : et seul l'inutile est pris.

Et que le meilleur de vous-même soit pour votre ami.

S'il doit connaître le reflux de votre marée, qu'il en connaisse aussi le flux.

Car à quoi bon votre ami, si vous le cherchez afin de tuer le temps ?

Cherchez-le toujours pour les heures vivantes.

Car il lui appartient de combler votre besoin, mais non votre vide.

Et dans la douceur de votre amitié, qu'il y ait le rire, et le partage des plaisirs.

Car dans la rosée des petites choses, le cœur trouve son matin et sa fraîcheur.

Alors un lettré dit, Parlez-nous de la Parole.
Et il répondit, disant :
Vous parlez lorsque vous cessez d'être en paix avec vos pensées ;
Et lorsque vous ne pouvez rester davantage dans la solitude de votre cœur vous vivez dans vos lèvres, et le son est un divertissement et un passe-temps.
Et dans une large part de vos discours, la pensée est à moitié assassinée.
Car la pensée est un oiseau de l'espace, qui dans une cage de mots peut ouvrir ses ailes mais ne peut voler.

Il en est parmi vous qui recherchent les bavards de peur d'être seuls.
Le silence de la solitude révèle à leurs yeux leur moi dans sa nudité et ils voudraient s'enfuir.
Et il en est qui parlent, et sans savoir ou préméditation révèlent une vérité qu'ils ne comprennent pas eux-mêmes.
Et il en est qui ont la vérité en eux mais ne l'expriment pas en paroles.
Dans le sein de ceux-ci l'esprit demeure dans le rythme du silence.

Quand vous rencontrez votre ami sur le bord de la route ou sur la place du marché, que l'esprit en vous anime vos lèvres et dirige votre langue.
Que la voix en votre voix parle à l'oreille de son oreille ;
Car son âme gardera la vérité de votre cœur tel le bouquet du vin qui persiste.
Quand la couleur en est oubliée et que la coupe n'est plus.

Et un astronome dit, Maître, qu'en est-il du Temps ?

Et il répondit :
Vous voudriez mesurer le temps, l'infini et l'incommensurable.
Vous voudriez adapter votre conduite et même diriger le cours de votre esprit selon des heures et des saisons.
Du temps vous feriez une rivière au bord de laquelle vous vous assoiriez pour observer son cours.

Cependant l'intemporel en vous est conscient de l'intemporalité de la vie,
Et sait qu'aujourd'hui n'est que le souvenir d'hier et demain, le rêve d'aujourd'hui.
Et que ce qui chante et contemple en vous est encore fixé dans les limites de ce premier instant qui sema les étoiles dans l'espace.
Qui parmi vous ne sent que son pouvoir d'aimer est illimité ?
Et cependant qui ne sent ce même amour, quoique illimité, enfermé au centre de son être, et ne procédant pas d'une pensée d'amour à une pensée d'amour, ni d'un geste d'amour à un autre geste d'amour ?
Et le temps n'est-il pas comme est l'amour, indivisible et immobile ?

Mais si dans votre pensée vous devez mesurer le temps en saisons, que chaque saison enveloppe toutes les autres,
Et qu'aujourd'hui embrasse le passé avec souvenir et le futur avec aspiration.

Et l'un des anciens de la cité dit, Parlez-nous du Bien et du Mal.
Et il répondit :
Du bien qui est en vous je puis parler, mais non du mal.
Car le mal qu'est-ce sinon le bien torturé par sa propre faim et sa propre soif ?
En vérité, lorsque le bien est affamé, il cherche sa nourriture même dans des caves obscures, et lorsqu'il est assoiffé, il s'abreuve même d'eaux mortes.

Vous êtes bons lorsque vous êtes un avec vous-mêmes.
Pourtant lorsque vous n'êtes pas un avec vous-mêmes, vous n'êtes pas mauvais.
Car une maison divisée n'est pas un repaire de voleurs ; elle n'est qu'une maison divisée.
Et un vaisseau sans gouvernail peut errer sans but parmi les récifs sans pour cela sombrer.

Vous êtes bons lorsque vous essayez de donner de vous-mêmes.
Cependant vous n'êtes pas mauvais lorsque vous recherchez un gain pour vous-mêmes.
Car lorsque vous recherchez un gain vous n'êtes qu'une racine qui s'attache à la terre et se nourrit à son sein.
Certes le fruit ne peut dire à la racine : "Sois comme moi, mûre et pleine et donnant toujours de ton abondance."
Car pour le fruit donner est un besoin, comme recevoir est un besoin pour la racine.

Vous êtes bons lorsque vous êtes pleinement éveillés dans vos discours.
Pourtant vous n'êtes pas mauvais lorsque vous dormez tandis que votre langue titube.
Et même un discours trébuchant peut fortifier une langue faible.

Vous êtes bons lorsque vous marchez fermement vers votre but et d'un pas intrépide.
Pourtant vous n'êtes pas mauvais lorsque vous y allez en boitant.
Même ceux qui boitent ne vont pas en arrière.
Mais vous qui êtes forts et rapides, gardez-vous de boiter devant les estropiés croyant être bienveillants.
Vous êtes bons dans d'innombrables chemins, et vous n'êtes pas nécessairement mauvais lorsque vous n'êtes pas bons,
Vous ne faites que flâner et paresser.
Quelle pitié que les cerfs ne puissent apprendre la rapidité aux tortues.

Dans votre aspiration vers votre moi-géant, gît votre bonté : et cette aspiration existe en vous tous.
Mais chez quelques-uns c'est un torrent qui dévale avec fougue vers la mer, emportant les secrets des collines et les chants de la forêt.
Et chez d'autres c'est un faible ruisseau nonchalant qui se perd en méandres, et se courbe et s'attarde avant d'atteindre le rivage.
Mais que celui dont l'aspiration est brûlante ne dise pas à celui dont le désir est tiède, "Pourquoi es-tu lent et paresseux ?"
Car les bons ne demandent pas à celui qui est nu, "Où est ton vêtement ?" ni aux sans-foyer, "Qu'est devenue ta maison ?"

Alors une prêtresse dit, Parlez-nous de la Prière.
Et il répondit, disant :
Vous priez en votre détresse et en votre besoin ; puissiez-vous prier aussi dans la plénitude de votre joie et en vos jours d'abondance.

Car la prière qu'est-elle sinon l'expression de votre être dans l'éther vivant ?
Et si c'est pour votre soulagement que vous versez votre obscurité dans l'espace, c'est aussi pour votre délice que vous exhalez l'aube de votre cœur.
Et si vous ne pouvez que pleurer lorsque votre âme vous appelle à la prière, elle devrait vous éperonner encore et encore, malgré les pleurs, jusqu'à ce que vous arriviez à rire.
Lorsque vous priez, vous vous élevez pour rencontrer dans l'air ceux qui prient à cette même heure, et que, sauf en prière, vous ne pourriez rencontrer.
Aussi que votre visite dans ce temple invisible ne soit que pour l'extase et la douce communion.
Car si vous ne pénétrez dans le temple que pour solliciter, vous ne recevrez pas :
Et si vous y pénétrez pour vous humilier, vous ne serez pas élevés :
Ou même si vous y pénétrez pour implorer le bonheur pour les autres vous ne serez pas entendus.
C'est assez que vous pénétriez dans le temple invisible.

Je ne puis que vous apprendre à prier avec des mots.
Dieu n'écoute pas vos paroles sauf lorsque Lui-même les prononce à travers vos lèvres.
Et je ne puis vous apprendre les prières des mers et des forêts et des montagnes.
Mais vous qui êtes nés des montagnes et des forêts et des mers pouvez trouver leur prière dans votre cœur,
Et si seulement vous écoutez dans le calme de la nuit, vous les entendrez dire en silence :
"Notre Dieu, qui est notre moi ailé, c'est ta volonté en nous qui veut.
C'est ton désir en nous qui désire.
C'est ton élan en nous qui voudrait changer nos nuits, qui sont tiennes, en jours qui sont tiens aussi.
Nous ne pouvons te demander quoi que ce soit car tu connais nos besoins avant qu'ils ne soient nés en nous :
Tu es notre besoin ; et en nous donnant plus de toi-même, tu nous donnes tout."

Alors un ermite, qui visitait la cité une fois par an, s'avança et dit, Parlez-nous du Plaisir.
Et il répondit, disant :
Le plaisir est un chant de liberté,
Mais il n'est pas la liberté.
Il est l'éclosion de vos désirs,
Mais il n'est pas leur fruit.
Il est une profondeur appelant un sommet,
Mais il n'est ni l'abîme ni le faîte.
Il est le prisonnier prenant son essor,
Mais il n'est pas l'espace qui l'enveloppe.
Oui, en vérité, le plaisir est un chant de liberté.
Et volontiers je vous verrais le chanter à plein cœur ; mais ne voudrais point vous voir perdre vos cœurs dans ce chant.

Parmi vos jeunes, certains recherchent le plaisir comme s'il était tout, et ils sont jugés et châtiés.
Je ne voudrais ni les juger ni les châtier. Je voudrais les voir chercher.
Car ils trouveront le plaisir, mais point seul ;
Sept sont ses sœurs, et la moindre d'entre elles est plus belle que le plaisir.
N'avez-vous pas entendu parler de l'homme qui creusait la terre à la recherche de racines et qui découvrit un trésor ?

Et quelques-uns de vos aînés se souviennent de plaisirs avec regret comme d'erreurs commises en état d'ivresse.
Mais le regret est l'ombre de l'esprit et non pas son châtiment.
Ils devraient se souvenir de leurs plaisirs avec gratitude, comme ils le feraient pour la récolte d'un été.
Pourtant si le regret les réconforte, laissez-le les réconforter.

Et il en est parmi vous qui ne sont ni jeunes pour chercher ni vieux pour se souvenir ;
Et dans leur peur de la recherche et de la souvenance ils fuient tout plaisir, de crainte de négliger l'esprit ou de lui faire offense.
Mais en leur renoncement même est leur plaisir.
Et ainsi eux également trouvent un trésor alors qu'ils recherchent des racines de leurs mains frémissantes.
Mais dites-moi, quel est celui qui peut offenser l'esprit ?
Le rossignol offense-t-il la tranquillité de la nuit, ou la luciole les étoiles ?

Et votre flamme ou votre fumée pèseront-elles sur le vent ?
Croyez-vous que l'esprit est un calme étang que vous
pouvez troubler avec un bâton ?

Souvent en vous refusant le plaisir vous ne faites
qu'accumuler le désir dans les replis de votre être.
Qui sait seulement que ce qui semble omis aujourd'hui
attend pour demain ?
Même votre corps connaît son héritage et son juste besoin,
et veut n'être pas déçu.
Et votre corps est la harpe de votre âme,
Et il vous appartient d'en tirer musique douce ou sons confus.

Et maintenant vous demandez en votre amour,
"Comment distinguerons-nous ce qui est bon dans
le plaisir et ce qui ne l'est pas ?"
Allez à vos champs et à vos jardins et vous apprendrez que
c'est le plaisir de l'abeille de butiner le miel de la fleur.
Mais c'est aussi le plaisir de la fleur de céder son miel à
l'abeille.
Car pour l'abeille une fleur est une source de vie,
Et pour la fleur une abeille est une messagère d'amour,
Et pour les deux, abeille et fleur, donner et recevoir le
plaisir sont un besoin et une extase.

Peuple d'Orphalese, soyez dans vos plaisirs comme les
fleurs et les abeilles.

Et un poète dit, Parlez-nous de la Beauté.
Et il répondit :
Où chercherez-vous la beauté et comment la trouverez-vous, à moins qu'elle ne soit elle-même votre chemin et votre guide ?
Et comment pourrez-vous parler d'elle, si elle ne tisse elle-même vos paroles ?

Les affligés et les blessés disent, "La beauté est bonne et douce.
Comme une jeune mère effarouchée de sa propre gloire elle passe parmi nous."
Et les passionnés disent, "Non, la beauté est une chose de puissance et de terreur.
Comme la tempête, elle secoue la terre sous nos pieds et le ciel au-dessus de nos têtes."

Les fatigués et les las disent, "La beauté est faite de doux murmures. Elle parle en notre esprit.
Sa voix cède à nos silences comme une lumière légère qui frémit dans la peur de l'ombre."
Mais les turbulents disent, "Nous avons entendu ses cris parmi les montagnes,
Et avec ses cris vinrent des bruits de sabots et des battements d'ailes et des rugissements de lions."

La nuit les veilleurs de la cité disent, "La beauté s'élèvera à l'Est avec l'aurore."
Et à midi les travailleurs et les voyageurs disent, "Nous l'avons vue se pencher sur la terre des fenêtres du couchant."

En hiver les enneigés disent, "Elle viendra avec le printemps bondissant sur les collines."
Et dans la chaleur de l'été les moissonneurs disent, "Nous l'avons vue danser avec les feuilles d'automne et nous avons vu une poussière de neige dans ses cheveux."

Toutes ces choses vous les avez dites de la beauté,
Mais en vérité vous n'avez pas parlé d'elle mais de désirs insatisfaits,
Et la beauté n'est pas un désir mais une extase.
Elle n'est pas une bouche assoiffée ni une main vide tendue,
Mais plutôt un cœur embrasé et une âme enchantée.

Elle n'est pas l'image que vous voudriez voir ni le chant que vous voudriez entendre,
Mais plutôt une image que vous voyez, bien que vous fermiez les yeux, et un chant que vous entendez, bien que vous bouchiez vos oreilles.
Elle n'est pas la sève sous l'écorce ridée, ni une aile attachée à une griffe,
Mais plutôt un jardin toujours en fleurs et une nuée d'anges toujours en vol.

Peuple d'Orphalese, la beauté est la vie lorsque la vie dévoile son saint visage.
Mais vous êtes vie et vous êtes le voile.
La beauté est l'éternité se contemplant dans un miroir.
Mais vous êtes éternité et vous êtes le miroir.

Et un vieux prêtre dit, Parlez-nous de la Religion.
Et il dit :
Ai-je parlé aujourd'hui de quelque autre chose ?
La religion n'est-ce pas tout acte et toute réflexion,
Et ce qui n'est ni acte ni réflexion, mais un étonnement et une surprise toujours naissant dans l'âme, même lorsque les mains taillent la pierre ou tendent le métier ?
Qui peut séparer sa foi de ses actions, ou sa croyance de ses occupations ?
Qui peut étendre ses heures devant lui, disant, "Ceci pour Dieu et ceci pour moi-même ; ceci pour mon âme et ceci pour mon corps" ?
Toutes vos heures sont des ailes qui battent à travers l'espace d'un moi à un moi.

Celui qui ne porte sa moralité que comme son meilleur vêtement, il vaudrait mieux qu'il fût nu.
Le vent et le soleil ne feront pas de trous dans sa peau.
Et celui qui règle sa conduite selon l'éthique emprisonne son oiseau-chanteur dans une cage.
Le chant le plus libre ne passe pas à travers des barreaux et des fils de fer.
Et celui pour qui l'adoration est une fenêtre, à ouvrir mais aussi à fermer, n'a pas encore visité la demeure de son âme dont les fenêtres sont ouvertes d'une aurore à l'autre.

Votre vie quotidienne est votre temple et votre religion.
Lorsque vous y pénétrez prenez tout votre être avec vous.
Prenez la charrue et la forge et le maillet et le luth,
Les choses que vous avez modelées dans le besoin ou pour votre délice.

Car en rêve vous ne pouvez vous élever au-dessus de vos achèvements ni tomber plus bas que vos échecs.
Et prenez avec vous tous les hommes :
Car en adoration vous ne pouvez voler plus haut que leurs espérances ni vous abaisser plus bas que leur désespoir.

Et si vous voulez connaître Dieu, ne soyez pas préoccupés de résoudre des énigmes.
Regardez plutôt autour de vous et vous Le verrez jouant avec vos enfants.
Et regardez dans l'espace ; vous Le verrez marchant dans les nuages, étendant Ses bras dans l'éclair et descendant en pluie.
Vous Le verrez souriant dans les fleurs, puis se levant et mouvant Ses mains dans les arbres.

Alors Almitra parla, disant, Nous voudrions maintenant vous questionner sur la Mort.
Et il dit :
Vous voudriez connaître le secret de la mort.
Mais comment le trouverez-vous sinon en le cherchant dans le cœur de la vie ?
La chouette dont les yeux faits pour la nuit sont aveugles au jour ne peut dévoiler le mystère de la lumière.
Si vous voulez vraiment contempler l'esprit de la mort, ouvrez amplement votre cœur au corps de la vie.
Car la vie et la mort sont un, de même que le fleuve et l'océan sont un.

Dans la profondeur de vos espoirs et de vos désirs repose votre silencieuse connaissance de l'au-delà ;
Et tels des grains rêvant sous la neige, votre cœur rêve au printemps.
Fiez-vous aux rêves, car en eux est cachée la porte de l'éternité.

Votre peur de la mort n'est que le frisson du berger lorsqu'il se tient devant le roi dont la main va se poser sur lui pour l'honorer.
Le berger ne se réjouit-il pas, sous son tremblement, de ce qu'il portera l'insigne du roi ?
Pourtant n'est-il pas plus conscient de son tremblement ?

Car qu'est-ce que mourir sinon se tenir nu dans le vent et se fondre dans le soleil ?
Et qu'est-ce que cesser de respirer, sinon libérer le souffle de ses marées inquiètes, pour qu'il puisse s'élever et se dilater et rechercher Dieu sans entraves ?

C'est seulement lorsque vous boirez à la rivière du silence que vous chanterez vraiment.
Et quand vous aurez atteint le sommet de la montagne, vous commencerez enfin à monter.
Et lorsque la terre réclamera vos membres, alors vous danserez vraiment.

MERHUME

Et alors ce fut le soir.
Et Almitra la voyante dit, Bénis soient ce jour et ce lieu et votre esprit qui a parlé.
Et il répondit, Etait-ce moi qui parlais ? N'étais-je point aussi un auditeur ?

Puis il descendit les marches du Temple et tout le peuple le suivit. Et il atteignit son vaisseau et se tint sur le pont.
Et se tournant vers le peuple à nouveau, il éleva la voix et dit :
Peuple d'Orphalese, le vent m'invite à vous quitter.
Ma hâte est moindre que celle du vent, mais je dois partir.
Nous les errants, toujours à la recherche du chemin le plus solitaire, ne commençons jamais une journée là où nous en avons terminé une autre ; et aucun lever de soleil ne nous trouve où nous laissa le soleil couchant.
Même lorsque la terre dort, nous voyageons.
Nous sommes les graines de la plante tenace, et c'est dans notre maturité et notre plénitude de cœur que nous sommes livrés et dispersés.

Brefs ont été mes jours parmi vous, et plus brèves encore les paroles que j'ai prononcées.
Mais si ma voix s'éteint dans vos oreilles et si mon amour s'efface dans votre souvenir, alors je viendrai à nouveau,
Et avec un cœur plus riche et des lèvres plus soumises à l'esprit je parlerai.
Oui, je reviendrai avec le flux,
Et même si la mort me cache, et le plus grand silence m'enrobe, je chercherai à nouveau votre compréhension.
Et je ne chercherai pas en vain.
Si ce que j'ai dit est vrai, cette vérité se manifestera d'une voix plus claire, et en mots plus proches de vos pensées.
Je pars dans le vent, peuple d'Orphalese, mais non pas dans le vide ;
Et si ce jour n'est pas un accomplissement de vos vœux et de mon amour, qu'il soit alors une promesse pour un autre jour.
Les vœux de l'homme changent, mais non pas son amour, ni son désir de voir son amour réaliser ses vœux.
Aussi bien, sachez que du plus grand silence je reviendrai.
La brume qui disparaît à l'aube, ne laissant que la rosée dans les champs, s'élèvera et s'amassera en un nuage et alors retombera en pluie.
Et je n'ai pas été différent de la brume.
Dans le silence de la nuit j'ai marché dans vos rues, et mon esprit est entré dans vos maisons,
Et vos battements de cœur étaient dans mon cœur, et votre souffle était sur mon visage, et je vous connaissais tous.
Oui, je connaissais votre joie et votre peine, et dans votre sommeil vos rêves étaient mes rêves.
Et souvent j'étais parmi vous tel un lac parmi les montagnes.
Je reflétais vos sommets et les pentes courbes et même les troupeaux errants de vos pensées et de vos désirs.
Et vers mon silence vinrent en ruisseaux le rire de vos enfants et en rivière le désir de vos jeunes gens.
Et lorsqu'ils atteignirent ma profondeur, les ruisseaux et les rivières ne cessèrent pas de chanter.

Mais il me vint quelque chose de plus doux encore que le rire et de plus grand que le désir.
Ce fut l'illimité en vous.
L'homme vaste dans lequel vous n'êtes tous que des cellules et des tendons ;
Celui dans le chant duquel tous vos chants ne sont qu'une muette palpitation.
C'est dans l'homme vaste que vous êtes vastes,
Et c'est en le contemplant que je vous ai contemplés et que je vous ai aimés.
Car quelles distances l'amour peut-il atteindre qui ne soient dans cette vaste sphère ?
Quelles visions, quelles attentes et quelles présomptions peuvent s'élever au-delà de ce vol ?
Tel un chêne géant couvert de fleurs est l'homme vaste en vous.
Sa force vous attache à la terre, son parfum vous élève dans l'espace, et dans sa pérennité vous êtes immortels.

On vous a dit que, de même qu'une chaîne, vous êtes aussi faibles que votre plus faible chaînon.
Ceci n'est que la moitié de la vérité. Vous êtes également aussi forts que votre plus puissant chaînon.
Vous mesurer à votre plus petit geste c'est estimer le pouvoir de l'océan à la fragilité de son écume.
Vous juger sur vos défaillances c'est blâmer les saisons pour leur inconstance.

Oui, vous êtes comme un océan,
Et cependant les bateaux échoués attendent le flux sur vos rivages, car de même qu'un océan, vous ne pouvez accélérer vos marées.
Et vous êtes aussi comme les saisons,

Et bien qu'en votre hiver vous niiez votre printemps,
Le printemps, reposant en vous, sourit en son assoupissement et n'est pas offensé.
Ne croyez pas que je dis ces choses pour que vous disiez les uns aux autres, "Il nous a excellemment loués, Il n'a vu que le bien en nous."
Je ne vous dis en paroles que ce que vous connaissez vous-mêmes en pensée.
Et qu'est la connaissance en paroles sinon une ombre de la connaissance sans paroles ?
Vos pensées et mes paroles sont les ondes d'une mémoire scellée qui tient le registre de nos hiers,
Et des jours anciens où la terre ne savait rien de nous ni d'elle-même,
Et des nuits où la terre était grimaçante de confusion.

Des sages sont venus vers vous pour vous donner de leur sagesse. Je suis venu pour prendre de votre sagesse :
Et voici que j'ai trouvé ce qui est plus important que la sagesse.
C'est un esprit de feu en vous toujours s'accroissant de lui-même,
Tandis que vous, indifférents à son développement, déplorez la flétrissure de vos jours.
C'est la vie à la recherche de la vie dans des corps qui redoutent le tombeau.

Il n'y a point de tombes ici.
Ces montagnes et ces plaines sont un berceau et un tremplin.
Lorsque vous passez près du champ où vous avez enseveli vos ancêtres, regardez-le bien et vous verrez vos enfants et vous-mêmes dansant la main dans la main.

En vérité vous vous réjouissez souvent sans le savoir.

D'autres sont venus à vous auxquels pour des promesses dorées vous n'avez donné que la richesse et le pouvoir et la gloire.
Je vous ai donné moins qu'une promesse, et cependant vous avez été plus généreux pour moi.
Vous m'avez donné ma plus profonde soif de la vie.

Certes, il n'y a pas de plus grand don à un homme que celui qui transforme tous ses desseins en lèvres altérées et toute la vie en une fontaine.
Et en cela demeure mon bonheur et ma récompense.
Que toutes les fois où je viens à la fontaine pour boire je trouve l'eau vivante elle-même assoiffée ;
Et elle me boit tandis que je la bois.

Certains d'entre vous m'ont jugé fier et trop réservé pour recevoir des dons.
Je suis en effet trop fier pour recevoir des gages, mais non point des présents.
Sans doute ai-je mangé des baies parmi les collines alors que vous m'auriez voulu assis à votre table,
Et ai-je dormi sous le portique du temple alors que vous m'auriez volontiers abrité,
Mais ne fut-ce pas votre affectueux souci de mes jours et de mes nuits qui rendit la nourriture douce à ma bouche et couronna mon sommeil de visions ?

Je vous bénis surtout pour ceci :
Vous donnez beaucoup et ne savez pas du tout que vous donnez.
En vérité la bonté qui se contemple dans un miroir se pétrifie.

Et une bonne action qui se nomme elle-même avec
tendresse devient presque une malédiction.

Et certains d'entre vous m'ont appelé distant, et ivre de
ma propre solitude,
Et vous avez dit, "Il s'entretient avec les arbres de la forêt,
mais non avec les hommes.
Il s'assied seul sur les collines et regarde de haut notre cité."
Il est vrai que j'ai gravi les collines et marché en des lieux
éloignés.
Comment aurais-je pu vous voir sinon d'une grande altitude
ou d'une grande distance ?
Comment quelqu'un peut-il en vérité être près, à moins
de se tenir loin ?

Et d'autres parmi vous ont crié vers moi, mais non en
paroles, et ils dirent,
"Etranger, étranger, amoureux de hauteurs inaccessibles,
pourquoi demeurez-vous parmi les sommets où les aigles
construisent leurs nids ?
Pourquoi recherchez-vous l'inabordable ?
Quels orages voudriez-vous capturer dans votre filet,
Et quels oiseaux brumeux poursuivez-vous dans le ciel ?

Venez et soyez l'un des nôtres.
Descendez et apaisez votre faim avec notre pain et étanchez
votre soif avec notre vin."
Dans la solitude de leurs âmes ils ont dit ces choses ;
Mais si leur solitude avait été plus profonde, ils auraient
compris que je ne cherchais que le secret de votre joie
et de votre douleur,
Et que je ne poursuivais que vos plus grands Moi qui
tournoient dans le ciel.

Mais le chasseur était aussi le poursuivi ;
Car plusieurs de mes flèches ne quittèrent mon arc que
pour atteindre ma propre poitrine.
Et celui qui volait fut aussi le rampant ;
Car lorsque mes ailes étaient déployées dans le soleil,
leur ombre sur la terre était une torture.
Et moi le croyant je fus aussi le sceptique ;
Car souvent j'ai mis le doigt dans ma propre blessure, pour
avoir une plus grande confiance en vous et une plus
grande connaissance de vous.

Et c'est avec cette foi et cette connaissance que je dis,
Vous n'êtes pas enfermés dans vos corps, ni confinés dans
des maisons ou des champs.
Ce qui est vous demeure au-dessus de la montagne et erre
avec le vent.
Ce n'est pas une chose qui se traîne au soleil pour se
chauffer ou qui creuse des trous dans l'obscurité pour
se protéger.
Mais une chose libre, un esprit qui enveloppe la terre et
se meut dans l'éther.

Si ces paroles sont vagues, alors ne cherchez pas à les
rendre claires.
Vague et nébuleux est le commencement de toutes choses,
mais non leur fin,
Et je voudrais que vous vous souveniez de moi comme
d'un commencement.
Tout ce qui vit est conçu dans la brume et non dans le cristal.
Et qui sait si le cristal n'est pas une brume en déclin ?

Je voudrais que vous vous rappeliez ceci en vous souvenant
de moi :

Ce qui semble le plus faible et le plus égaré en vous est le plus fort et le plus déterminé.
N'est-ce pas votre souffle qui a érigé et endurci la structure de vos os ?
Et n'est-ce pas un rêve qu'aucun d'entre vous ne se souvient d'avoir rêvé, qui a bâti votre cité et façonné tout ce qui s'y trouve ?
Si seulement vous pouviez voir les marées de ce souffle, vous cesseriez de voir rien d'autre,
Et si vous pouviez entendre les murmures du rêve, vous n'entendriez aucun autre son.

Mais vous ne voyez, ni n'entendez, et c'est bien ainsi.
Le voile qui couvre vos yeux sera soulevé par les mains qui l'ont tissé.
Et l'argile qui ferme vos oreilles sera crevée par ces doigts mêmes qui l'ont pétrie.
Et vous verrez.
Et vous entendrez.
Pourtant vous ne déplorerez point d'avoir connu la cécité, ni ne regretterez d'avoir été sourds.
Car en ce jour vous connaîtrez les fins cachées de toutes choses,
Et vous bénirez l'obscurité comme vous voudriez bénir la lumière.

Après avoir dit ces choses, il regarda autour de lui, et il vit le pilote de son bateau se tenant à la barre et considérant tantôt les voiles déployées tantôt l'horizon.
Et il dit :
Patient, trop patient, est le capitaine de mon navire.
Le vent souffle et les voiles frémissent ;
Le gouvernail lui-même sollicite qu'on l'oriente ;

Pourtant calmement mon capitaine attend mon silence.
Et ceux-ci, mes marins, qui ont entendu le chœur de la plus grande mer, eux aussi m'ont écouté patiemment.
Maintenant ils n'attendront plus davantage.
Je suis prêt.
Le fleuve a atteint la mer, et une fois de plus la mère immense tient son fils contre sa poitrine.

Adieu, peuple d'Orphalese.
Ce jour a pris fin.
Il se clôt sur nous, de même que le nénuphar sur son propre lendemain.
Ce qui nous fut donné ici nous le garderons.
Et s'il ne suffit pas, nous devrons nous assembler à nouveau et ensemble tendre nos mains vers le dispensateur.
N'oubliez pas que je reviendrai vers vous.
Un petit instant, et mon désir recueillera poussière et écume pour un autre corps.
Un petit instant, un moment de repos dans le vent et une autre femme m'enfantera.

Adieu à vous et à la jeunesse que j'ai passée avec vous.
Ce ne fut qu'hier que nous nous rencontrâmes en un rêve.
Vous avez chanté pour moi dans ma solitude, et moi de vos aspirations j'ai bâti une tour dans le ciel.
Mais à présent notre sommeil a fui et notre rêve est passé, et ce n'est plus l'aube.
Le milieu du jour est sur nous et notre demi-réveil s'est transformé en plein jour, et nous devons nous séparer.
Si dans le crépuscule du souvenir nous nous rencontrons à nouveau, nous nous entretiendrons ensemble et vous me chanterez un chant plus profond.
Et si nos mains se rencontrent en un autre rêve, nous construirons une autre tour dans le ciel.

Disant cela, il fit un signe aux marins, et aussitôt ils levèrent l'ancre et dégagèrent le bateau de ses amarres, et ils se dirigèrent vers l'Est.
Et un cri vint du peuple, comme d'un seul cœur, et il s'éleva dans le crépuscule et fut porté sur la mer comme un grand appel de trompette.
Seule Almitra était silencieuse, contemplant le vaisseau jusqu'à ce qu'il eût disparu dans la brume.
Et alors que tout le peuple s'était dispersé, elle demeura seule sur la jetée, se remémorant en son cœur ses paroles :

"Un instant, un moment de repos sur le vent, et une autre femme m'enfantera."

LE JARDIN DU PROPHÈTE

Traduit par Claire Dubois

Almustafa, l'élu et le bien-aimé, qui était au midi de son propre jour, s'en retournait vers son île natale ; c'était au mois de Tichreen, le mois de la souvenance.
Comme son navire approchait du port, il se tenait debout à la proue, entouré de tout l'équipage, le cœur dilaté par la joie du retour.

La mer chantait dans sa voix lorsqu'il s'écria : "La voici donc cette île qui nous vit naître ! C'est ici que la terre nous a empoignés, un chant et une énigme : un chant qui s'élève vers le ciel et une énigme qui nous rive à la terre. Et entre ciel et terre, qu'est-ce donc qui fera jaillir notre chant et nous fera trouver le sens de l'énigme, sinon notre amour ?
"Une fois encore, la mer nous ramène à ces rivages. Nous ne sommes qu'une vague parmi ses vagues ; elle nous pousse en avant pour proclamer son message, mais comment pourrons-nous le livrer sans rompre sur le roc et le sable l'harmonie de notre cœur ?

"Car telle est la loi des marins et de la mer: si vous voulez être libres, il vous faut pénétrer dans la brume. L'informe jamais ne cesse de chercher la forme, comme les innombrables nébuleuses aspirent à devenir soleils et lunes. Nous, qui avons longtemps cherché notre route avant de retourner maintenant vers cette île, nous, formes rigides, nous devons redevenir brume, tout apprendre depuis le commencement. Et qu'est-ce donc qui prendra vie et s'élèvera vers les hauteurs si nous n'acceptons d'être brisés par l'amour et la soif de la liberté ?

"A jamais nous serons en quête de rivages où nous pourrons chanter et nous faire entendre. Mais qu'advient-il de la vague qui vient mourir là où nulle oreille ne l'entend ? Ce que l'on ne perçoit pas de nous est l'aliment de notre plus profonde douleur.
Pourtant, c'est cela aussi qui sculpte notre cœur pour lui donner forme et façonner notre destin."

Alors l'un des marins s'avança et dit : "Maître, tu as soutenu en nous le désir d'arriver à ce port, et nous y voici. Mais à ce moment même, tu parles de douleur et de cœurs qui vont se briser."

Il lui répondit : "N'ai-je pas parlé de liberté et de brume où nous découvrons notre plus totale liberté ? Pourtant, je l'avoue, c'est dans la peine que j'accomplis ce pèlerinage à mon île natale tout comme le fantôme d'un homme assassiné va s'agenouiller devant ceux qui l'ont tué."

Un autre marin lui dit : "Vois donc les foules assemblées sur la digue ! Elles ont pressenti, sans en parler, le jour et l'heure même de ton arrivée. Tous les habitants de l'île se sont réunis pour t'attendre, abandonnant, qui son champ, qui sa vigne, tellement ils sont avides d'amour."

Almustafa regarda au loin vers la foule. Son cœur était attentif tandis qu'il percevait cette attente anxieuse, et il se taisait.

Alors un cri s'éleva du milieu du peuple, un cri célébrant les retrouvailles, mais exprimant aussi la supplication.

Il leva les yeux sur ses marins et leur dit : "Que leur ai-je donc apporté ? Je n'ai été qu'un chasseur en pays lointain. Avec attention et vigueur, j'ai lancé les flèches d'or qu'ils m'avaient données, mais sans rapporter aucune prise. Je n'ai pas suivi les flèches. Peut-être volent-elles maintenant dans le soleil avec les ailes d'aigles blessés qui voudraient éviter de s'abattre sur le sol. Peut-être aussi les pointes de flèches sont-elles tombées dans les mains d'infortunés qui en avaient besoin pour se procurer du pain et du vin ?

"J'ignore où elles ont suspendu leur vol, mais je sais ceci : elles ont tracé leur courbe dans le ciel.

"Quoi qu'il en soit, la main de l'amour repose toujours sur moi, et vous, mes marins, vous élargissez encore ma vision et je ne resterai pas muet. Je crierai bien haut quand la main des saisons me saisira à la gorge, et je chanterai mes paroles quand mes lèvres seront enflammées."

Comme il disait ces mots, tous furent émus jusqu'au fond du cœur, et quelqu'un dit : "Maître, apprends-nous toutes choses, et peut-être comprendrons-nous, car ton sang coule dans nos veines et notre souffle exhale ton parfum."

Il répondit alors, et le vent soufflait dans sa voix : "Est-ce pour faire de moi un professeur que vous m'avez fait revenir à mon île natale ? Je n'ai pas encore été enchaîné par la sagesse. Je suis trop jeune et trop inexpérimenté pour parler d'autre chose que du moi, où s'exprime à jamais l'appel pressant des profondeurs.

"Celui qui voudrait posséder la sagesse, qu'il la cherche donc dans le bouton-d'or ou dans une pincée d'argile rouge. Pour moi, je reste celui qui chante. Encore et encore, je chanterai la terre et aussi nos rêves perdus qui hantent le jour entre sommeil et sommeil. Et je contemplerai la mer."

Et voici que le navire entrait dans le port et atteignait la digue. Il débarqua alors sur son île natale et se retrouva parmi son peuple. Du cœur de tous s'éleva un grand cri et son cœur tressaillit car il sentait s'évanouir le sentiment de solitude qu'il avait éprouvé en s'approchant de son île.

Tous étaient maintenant silencieux, attendant qu'il parle. Mais il ne dit rien pendant quelques instants, étreint par la tristesse de ses souvenirs, et il se disait en lui-même : "Ai-je dit que j'allais chanter ? Non, je ne puis qu'ouvrir mes lèvres pour qu'en sorte la voix de la vie, qui s'en ira dans le vent pour recréer la joie et la force."

Alors Karima, qui avait joué avec lui lorsqu'il était enfant, dans le jardin de sa mère, lui dit : "Pendant douze ans, tu nous as caché ton visage, et pendant ces douze ans, nous avons été affamés et assoiffés de ta voix."

Il la regarda avec une immense tendresse, car c'était elle qui avait fermé les yeux de sa mère lorsque les blanches ailes de la mort l'avaient embrassée.

Et il lui répondit : "Douze ans, as-tu dit douze ans, Karima ? Je n'ai pas mesuré ma nostalgie avec l'astrolabe et n'en ai pas sondé la profondeur. Car l'amour, surtout l'amour qui se confond avec le mal du pays, rend impossible toute mesure ou sondage du temps.

"Certains moments pèsent comme des siècles de séparation, mais la séparation est-elle autre chose qu'un épuisement de l'esprit ? Peut-être n'avons-nous jamais été séparés ?"

Almustafa regarda longtemps la foule. Il vit tous ces hommes, les jeunes et les vieux, les vigoureux et les chétifs, ceux qu'avaient hâlés le soleil et le vent comme ceux qui avaient le teint pâle, et sur tous ces visages une lumière irradiait un ardent désir et une interrogation.

Quelqu'un s'approcha : "Maître, dit-il, la vie a traité amèrement nos espoirs et nos désirs. Nos cœurs sont troublés et nous ne comprenons rien. Je t'en prie, réconforte-nous et dévoile-nous le sens de nos tristesses."

Le cœur du Maître s'émut de compassion et il dit : "La Vie est plus ancienne que toute chose vivante, tout comme la beauté resplendissait avant que naissent sur terre des choses belles, et la vérité était vérité avant d'être exprimée.

"La Vie chante dans nos silences, et les rêves dans notre sommeil. Même lorsque nous sommes défaits et accablés, la Vie triomphe. Lorsque nous pleurons, la Vie sourit au jour, et elle reste libre quand nous traînons nos chaînes.

"Bien souvent, nous trouvons la Vie amère, mais seulement parce que nous sommes nous-mêmes assombris par l'amertume ; nous la jugeons vide et vaine, mais seulement dans les moments où l'âme s'en va errante, en des lieux désolés, et lorsque le cœur est enivré par un moi trop envahissant.

"Profonde est la Vie, et sublime et lointaine. Votre vue la plus perçante ne peut en apercevoir que les pieds, mais elle est proche de nous. Et si le souffle de votre haleine n'atteint que son cœur, cependant, l'ombre de votre ombre passe sur son visage, et l'écho de votre plus faible appel fait naître dans sa poitrine un printemps et un automne.

"La Vie est voilée, cachée même, comme est voilé et caché votre moi le plus intime. Mais quand la Vie se met à parler, tous les vents deviennent paroles, et quand elle parle davantage, le sourire de vos lèvres et les larmes de vos yeux deviennent eux aussi paroles. Quand la Vie chante, les sourds entendent et deviennent attentifs ; quand elle s'approche doucement, les aveugles la voient et la suivent, frappés de stupeur et d'admiration."

Il se tut, et un profond silence enveloppa le peuple. Il s'élevait de ce silence un chant inconnu, et ils se sentirent tous délivrés de leur solitude et de leur peine.

Il les quitta aussitôt pour s'acheminer vers son jardin ; c'était celui de son père et de sa mère, où ceux-ci reposaient, endormis, auprès de leurs ancêtres.

Certains des habitants auraient voulu le suivre, le voyant rentrer seul chez lui, car il n'avait plus aucun de ses proches pour préparer le festin de bienvenue, selon la coutume du pays.

Mais le capitaine de son navire les en dissuada : "Laissez-le aller, dit-il, car sa nourriture est un pain de solitude, et dans sa coupe est versé le vin du souvenir, qu'il désire boire seul."

Les marins s'arrêtèrent, comprenant que le capitaine avait raison. Et tous ceux qui s'étaient rassemblés sur la digue retinrent les pas de leurs désirs.

Seule Karima le suivit un moment, avide de partager sa solitude et ses souvenirs ; mais elle ne dit rien et bientôt elle s'en retourna chez elle, dans son jardin, où, sous l'amandier, elle se mit à pleurer sans savoir pourquoi.

Almustafa était arrivé au jardin de sa mère et de son père, il y entra et en ferma la grille pour que personne ne pût y entrer après lui.

Pendant quarante jours et quarante nuits, il demeura seul dans la maison et le jardin. Personne ne vint même jusqu'à la grille qu'il avait fermée : tout le monde savait qu'il voulait rester seul.

Après ces quarante jours et quarante nuits, il ouvrit la grille pour qu'on pût entrer.

Neuf hommes vinrent le rejoindre dans le jardin : trois marins de son navire, trois hommes qui avaient servi au temple et trois autres qui avaient été ses compagnons de jeux lorsqu'ils étaient encore enfants comme lui. Ces neuf devinrent ses disciples.

Un matin, ils s'assirent autour de lui, le regard perdu dans le lointain des souvenirs. Le disciple nommé Hafiz lui dit : "Maître, parle-nous de la ville d'Orphalese et du pays où tu as passé ces douze dernières années."

Almustafa restait silencieux et détournait les yeux vers les collines et l'immensité du ciel ; son silence recouvrait un déchirement.

Puis il dit : "Mes amis et compagnons de route, pitié pour la nation où existent mille croyances mais aucune religion.

"Pitié pour la nation dont les habitants portent un vêtement qu'ils n'ont pas tissé eux-mêmes, mangent un pain dont ils n'ont pas récolté le grain et boivent un vin qui n'a pas coulé de leurs pressoirs.

"Pitié pour la nation où l'on acclame un bravache comme un héros et où l'on estime bienfaisant un conquérant glorieux.

"Pitié pour la nation où l'on méprise une passion dans les rêves pour s'y soumettre au réveil.

"Pitié pour la nation où l'on n'élève la voix que dans les processions de funérailles, où l'on ne se glorifie qu'au milieu de ruines et où l'on ne se révolte que lorsqu'on a la nuque coincée entre le glaive et le billot.

"Pitié pour la nation dont l'homme d'Etat est un renard, le philosophe un bateleur, et l'art un art du rafistolage et de contrefaçon.

"Pitié pour la nation où l'on accueille un nouveau souverain aux accents de la trompette pour le renvoyer sous les huées et en acclamer un autre aux mêmes accents de trompette que le précédent.

"Pitié pour la nation où les sages sont rendus muets par l'âge, tandis que les hommes vigoureux sont encore au berceau.

"Pitié pour la nation divisée, dont chaque partie revendique pour elle-même le nom de nation."

Un autre disciple lui dit : "Parle-nous de ce que tu ressens dans ton cœur en ce moment même."

Il regarda cet homme, et l'on percevait dans sa voix comme le chant d'une étoile lorsqu'il répondit :
"Quand vous rêvez éveillés, si vous vous taisez pour être à l'écoute de votre moi le plus intime, vos pensées, comme des flocons de neige, tombent et tourbillonnent, recouvrant d'un blanc silence tous les bruits de l'espace qui vous entoure.

"Et que sont ces rêves en éveil, sinon des nuages qui bourgeonnent et fleurissent sur l'arbre du ciel dans vos cœurs ? Vos pensées ne sont-elles pas aussi des pétales de fleurs que les vents de votre cœur répandent sur les champs des collines ?

"Comme vous attendez la paix jusqu'à ce qu'en vous l'informe prenne forme, ainsi les nuages s'assembleront et dériveront jusqu'à ce que des Doigts bénis façonnent leurs désirs gris en petits soleils, lunes et étoiles de cristal."

Alors parla Sarkis, celui des disciples qui doutait un peu :
"Mais le printemps arrivera, dit-il, et toutes les neiges de nos rêves et de nos pensées fondront et n'existeront plus."

Le Maître lui répondit : "Quand viendra le printemps, pour chercher son bien-aimé dans les bocages assoupis et les vignes, la neige fondra, certes, et se précipitera en torrents pour rejoindre le fleuve dans la vallée et offrir une coupe de fraîcheur au myrte et au laurier.

”De même, la neige de votre cœur fondra, elle aussi, quand votre printemps sera là, et votre secret se précipitera lui aussi en torrents pour chercher dans la vallée le fleuve de vie. Et le fleuve emportera votre secret jusqu'à la mer immense.

”Toutes choses se dissoudront et deviendront chansons avec l'arrivée du printemps. Même les étoiles, les gros flocons de neige qui tombent lentement sur l'étendue des champs, tout se fondra dans la musique des ruisseaux. Quand le soleil de Sa face apparaîtra au-dessus du large horizon, quelle harmonie glacée refusera de se dissoudre en mélodie liquide ? Et qui, parmi vous, ne souhaiterait offrir une coupe au myrte et au laurier ?

”Hier encore, vous voguiez sur la mer mouvante, vous vous sentiez loin des rivages et vous n'étiez pas vraiment vous-mêmes. Puis le vent, le souffle de la vie, le visage caché sous un voile lumineux, vous enveloppa, vous saisit, vous façonna, et, la tête haute, vous avez dirigé vos regards vers les hauteurs. Mais la mer vous suivait et son chant résonne toujours en vous. Bien que vous ayez oublié les liens qui vous unissent, elle revendiquera toujours son titre de mère et toujours elle vous appellera vers elle.

”Lorsque vous errerez par les montagnes et les déserts, toujours vous vous souviendrez de la profondeur et de la fraîcheur de son cœur. Et bien que souvent vous refusiez de le reconnaître, c'est vraiment à la houle de son immense paix que vous aspirez.

”Comment peut-il en être autrement ? Dans les bosquets et les charmilles sur la colline, quand la pluie danse dans les feuillages, quand la neige tombe – c'est une bénédiction et le signe d'une alliance – ; dans la vallée, lorsque vous menez vos troupeaux à la rivière ; dans vos champs, où les ruisseaux, comme des bandes d'argent, strient les étendues vertes ; dans vos jardins où la rosée du matin reflète le ciel ; dans vos prés, quand la brume du soir voile à demi votre chemin : en tous ces lieux, la mer est avec vous ; témoin de votre héritage, elle implore votre amour.

”Il est en vous le flocon de neige qui court vers la mer.”

Comme ils se promenaient un matin dans le jardin, une femme arriva devant la porte : c'était Karima, celle qu'Almustafa avait aimée comme une sœur dans son enfance. Elle restait à l'extérieur sans rien demander, sans même frapper à la porte ; elle regardait simplement le jardin avec envie et tristesse.

Almustafa vit cette envie sur ses paupières, et, rapidement, il se dirigea vers le mur du jardin et lui ouvrit la porte. Elle entra, et il lui souhaita la bienvenue.

Elle dit : "Pourquoi nous as-tu tous quittés, nous laissant vivre loin de la lumière de ton visage ? Sache que, pendant ces longues années, nous t'avons aimé et avons attendu impatiemment ton heureux retour. Maintenant les gens t'appellent à grands cris et voudraient s'entretenir avec toi. Je suis leur messagère, venue te supplier de te montrer à eux et de leur parler de ta sagesse, de réconforter les cœurs blessés et nous mettre en garde contre nos égarements."

Il la regarda et répondit : "Ne m'appelle pas sage, à moins que tu n'appelles sages tous les hommes. Je ne suis qu'un jeune fruit pendant encore à la branche, et hier encore, je n'étais qu'une fleur.

"Ne traite aucun d'entre vous de fou, car, en vérité, nous ne sommes ni sages ni fous ; nous sommes des feuilles sur l'arbre de la vie, et la vie elle-même est au-delà de la sagesse et plus encore de la folie.

"Et puis, vous ai-je vraiment quittés ? Ignores-tu qu'il n'y a pas de distance, hormis celle que l'âme n'arrive pas à franchir en imagination ? Et quand l'âme abolit la distance, une harmonie se crée en elle.

"La distance entre vous et vos plus proches voisins, si vous ne les aimez pas, est plus grande que celle qui vous sépare de votre bien-aimé qui demeure au-delà des sept terres et des sept mers.

"Dans le souvenir, la distance est abolie, c'est dans l'oubli seulement que se creuse un gouffre infranchissable pour votre voix et vos yeux.

"Entre les rivages des océans et le sommet de la plus haute montagne est tracée une route secrète que vous devez parcourir avant de ne faire qu'un avec les fils de la terre.

"Entre votre connaissance et votre compréhension, il existe un sentier caché que vous avez à découvrir avant de ne faire qu'un avec l'homme et de réaliser ainsi votre unité.

"Entre votre main droite qui donne et la gauche qui reçoit, s'étend un long espace ; vous ne pouvez le supprimer qu'en les rendant toutes deux prêtes à donner et à recevoir, et vous ne pouvez vraiment le franchir qu'en étant persuadés que vous n'avez rien à donner ni à recevoir.

"En vérité, la distance la plus longue est celle qui s'étale entre la vision de votre sommeil et celle de votre réveil, entre ce qui n'est qu'action et ce qui est désir.

"Il nous faut encore parcourir une autre route avant de faire un avec la vie. Mais de celle-là, je ne dirai rien maintenant, car je vous vois déjà fatigués de voyager."

Alors il s'en alla, avec la femme et les neuf disciples, vers la place du marché. Il se mit à parler aux gens, à ses amis et ses voisins, et la joie étincela sur leurs visages et dans leurs cœurs.

Il leur dit : "Vous croissez lorsque vous dormez, et votre vie est plus intense lorsque vous rêvez. Car toutes vos journées se passent en actions de grâces pour ce que vous avez reçu dans la tranquillité de la nuit.

"Souvent vous pensez et parlez de la nuit comme d'un temps de repos, mais, en vérité, la nuit est la saison de la quête et des découvertes.

"Le jour vous apporte la connaissance et apprend à vos doigts l'art de recevoir, mais c'est la nuit qui vous conduit à la maison où la vie garde son trésor.

"Le soleil révèle à tout ce qui croît l'aspiration à la lumière, mais la nuit élève tout vers les étoiles.

"C'est bien, en effet, le calme de la nuit qui tisse un voile nuptial au-dessus des arbres de la forêt, au-dessus des fleurs dans les jardins ; puis elle organise une fête somptueuse, prépare la chambre des noces, et, dans silence sacré, le lendemain est conçu dans la matrice du temps.

"Le temps est avec vous, et, dans votre quête, vous trouverez votre nourriture et l'accomplissement de vos désirs. Et bien qu'au lever du jour votre réveil efface la mémoire, la table des rêves est dressée pour toujours et la chambre nuptiale vous attend."

Il resta un moment en silence, et ses auditeurs aussi, attendant qu'il reprenne : "Vous êtes esprits, bien que vous vous déplaciez dans des corps ; et, comme une huile qui brûle dans l'obscurité, vous êtes des flammes, contenues cependant dans des lampes.

"Si vous n'étiez que des corps, ma présence auprès de vous et les paroles que je vous adresse seraient vaines, comme la mort interpellant la mort. Mais il n'en est pas ainsi. Tout ce qui est immortel en vous est libre, de jour comme de nuit, et ne peut être enfermé ni enchaîné car telle est la volonté du Très-Haut. Vous êtes sa respiration, tout comme le vent que nul ne pourra jamais saisir ni mettre en cage. Et moi aussi, je suis le souffle de sa respiration."

Il les quitta rapidement et rentra dans le jardin.

Sarkis, celui qui doutait souvent, lui dit : "Et la laideur, Maître, tu n'en parles jamais."

Almustafa lui répondit ces mots qui ressemblaient à un coup de fouet : "Mon ami, qui t'accusera d'être inhospitalier s'il passe devant ta maison sans frapper à la porte ?

"Et qui te déclarera sourd et inattentif s'il te parle dans une langue étrangère que tu ne peux comprendre ?

"Ce que tu appelles laideur, n'est-ce pas ce que tu ne t'es jamais efforcé d'approcher, une chose que tu n'as jamais désiré pénétrer jusqu'au cœur ?

"Si la laideur existe réellement, ce n'est qu'une écaille sur tes yeux et de la cire te bouchant les oreilles.

"Mon ami, n'appelle rien laid, sinon la crainte d'une âme face à ses propres souvenirs."

Un jour qu'ils étaient assis à l'ombre des peupliers blancs, l'un des disciples dit : "Maître, le temps me fait peur : il passe au-dessus de nos têtes, nous ravit notre jeunesse, et que nous donne-t-il en échange ?"

Almustafa répondit : "Prends donc une poignée de bonne terre. Y trouves-tu une semence ou peut-être un ver ? Si ta main était assez grande et assez patiente, la semence pourrait devenir une forêt, et le ver une troupe d'anges. N'oublie pas que les années qui changent les semences en forêts et les vers en anges font partie de cet *aujourd'hui* ; toutes les années sont véritablement l'*aujourd'hui*.

"Que sont les saisons des années, sinon vos propres pensées qui évoluent ? Le printemps est un éveil de votre cœur, l'été vous révèle votre fertilité. L'automne n'est-il pas votre passé qui chante une berceuse à ce qui subsiste en vous de l'enfance ? Et l'hiver, je vous le demande, n'est-il pas un sommeil plein des rêves des autres saisons ?"

Alors, Mannus, le disciple curieux, regarda autour de lui et vit les plantes en fleurs accrochées au sycomore. "Maître, dit-il, vois les parasites, qu'en dis-tu ? Ce sont des voleurs aux paupières lasses qui volent la lumière aux vigoureux enfants du soleil et s'embellissent aux dépens de la sève qui circule dans les branches et les feuilles des arbres."

Almustafa répondit : "Mon ami, nous sommes tous des parasites. Nous qui labourons pour donner au gazon une vie palpitante, nous ne sommes pas supérieurs à ceux qui reçoivent la vie directement de ce gazon dont ils ne savent rien.

"Une mère dira-t-elle à son enfant : 'Je te rends à la forêt qui est plus que ta mère, car tu me fatigues, tu m'uses le cœur et les mains' ?

"Le chanteur en voudra-t-il à son propre chant, disant : 'Retourne maintenant d'où tu viens, à la grotte où résonne l'écho, car ta voix épuise mon souffle' ?

"Et le berger dira-t-il à ses jeunes agneaux : 'Je n'ai plus de pâturage où vous conduire ; laissez-vous donc abattre pour être offerts en sacrifice' ?

"Non, mon ami, toutes ces choses ont reçu leur réponse avant d'avoir été mises en question, et, comme vos rêves, tout est accompli avant que vous vous endormiez.

"Nous vivons l'un par l'autre, selon la loi ancienne et éternelle. Vivons donc en amitié et avec bienveillance. Nous nous cherchons les uns les autres dans la solitude, et nous errons par les routes quand nous manquons d'un foyer auprès duquel on peut s'asseoir.

"Mes amis, mes frères, la route large est votre compagne.

"Ces plantes qui vivent sur un arbre sucent le lait de la terre dans la douce quiétude de la nuit et la terre dans son rêve paisible suce le lait du soleil.

"Et le soleil, vous et moi, et tout ce qui existe, nous vivons en amitié et sommes traités chacun avec autant d'honneur au banquet du Prince dont la porte est toujours ouverte et la table toujours servie.

"Mannus, mon ami, tout ce qui existe vit toujours de tout, et vit dans la foi, sans rivage où aborder, grâce à la munificence du Très-Haut."

Un matin, sous le ciel pâle de l'aube, ils se promenaient tous ensemble dans le jardin, regardant vers l'est, et silencieux devant le lever du soleil.

Après quelques instants, Almustafa leva la main en disant : "Le reflet du soleil matinal dans une goutte de rosée n'est pas moins éblouissant que le soleil lui-même. Le reflet de la vie dans notre âme n'est pas moins précieux que la vie elle-même.

"La goutte de rosée fait miroiter la lumière parce qu'elle est lumière, et vous reflétez la vie parce que vous et la vie ne faites qu'un.

"Quand les ténèbres vous entourent, dites : 'Cette obscurité est déjà l'aurore qui attend de naître, et si je souffre avec la nuit dans ses douleurs d'enfantement, en moi aussi l'aurore naîtra comme elle se lève sur les collines.'

"La goutte de rosée qui s'arrondit au creux du lis ne diffère pas de vous qui recueillez votre âme dans le cœur de Dieu.

"Une goutte de rosée dira-t-elle : 'Pour un millier d'années, je ne suis une goutte de rosée que pour un instant seulement' ? Dites-lui, vous : 'Ne sais-tu pas que la lumière de toutes les années brille dans ta sphère ?' "

Un soir, une grande tempête se leva sur l'île. Almustafa et ses neuf disciples rentrèrent dans la maison et s'assirent autour du feu, tranquilles et silencieux.

Puis l'un des disciples dit : "Je suis seul, Maître, et les sabots des heures frappent impétueusement ma poitrine."

Almustafa se leva, se tint au milieu d'eux et dit, d'une voix qui évoquait le bruit d'un grand vent : "Tu es seul, dis-tu, et puis ? Tu es venu seul, et seul tu traverseras le brouillard.

"Aussi, vide ta coupe seul et en silence. Les jours d'automne ont offert à d'autres lèvres d'autres coupes et les ont remplies de vin amer et doux, comme ils ont rempli ta propre coupe.

"Bois le vin de ta coupe seul, même s'il a le goût de ton sang et de tes larmes, et loue la vie de t'accorder le don de la soif. Car, sans soif, ton cœur n'est que le rivage d'une mer stérile, privée de chant et de marée.

"Bois ton vin seul et fais-le avec enthousiasme.

"Lève ta coupe bien haut au-dessus de ta tête, vide-la jusqu'à la lie, à la santé de ceux qui, eux aussi, boivent seuls.

"Il m'est arrivé de rechercher la compagnie d'autres personnes, de m'asseoir à la table de leur festin et de boire avec eux. Mais leur vin ne m'est pas monté à la tête et n'a pas coulé dans ma poitrine. Il est seulement descendu jusqu'à mes pieds. Ma sagesse est restée vaine et mon cœur était fermé, scellé. Mes pieds seulement accompagnaient les autres dans le brouillard qui les entourait.

"Et je n'ai plus cherché la compagnie des hommes, et n'ai plus bu de vin à leur table.

"Aussi je te dis ceci : bien que les sabots des heures frappent impétueusement ta poitrine, quelle importance cela a-t-il ? Il est bon pour toi de boire seul à la coupe de la tristesse, et tu boiras seul aussi à la coupe de la joie."

Un jour, Pharadrous, le Grec, en se promenant dans le jardin, heurta du pied une pierre et eut un mouvement de colère. Il se retourna, ramassa la pierre et dit à voix basse : "O chose morte sur mon chemin !" et il rejeta la pierre.

Almustafa, l'élu et le bien-aimé, lui dit : "Que veux-tu dire, en disant 'chose morte' ? N'as-tu pas été assez longtemps dans ce jardin pour savoir qu'il n'y a ici rien de mort ? Toutes choses vivent et brillent dans la connaissance du jour et la majesté de la nuit. Toi et la pierre vous ne faites qu'un ; la seule différence réside dans les battements de ton cœur. Ton cœur bat un peu plus vite, n'est-ce pas, mon ami ? Sans doute, oui, mais il n'est pas aussi tranquille.

"Le rythme qui anime la pierre est certes un autre rythme que celui de ton cœur, mais, je te le dis, si tu sondes les profondeurs de ton âme et escalades les hauteurs de l'espace, tu n'entendras qu'une seule mélodie, et cette mélodie, la pierre comme l'étoile la chantent ensemble, en parfait unisson.

"Si tu ne peux pas comprendre ces paroles, alors, attends qu'un nouveau jour se lève. Si tu as maudit cette pierre parce que, dans ton aveuglement, tu as trébuché dessus, tu maudirais aussi une étoile si ta tête venait à en rencontrer une dans le ciel. Mais le jour viendra où tu rassembleras pierres et étoiles, comme un enfant cueille les lis de la vallée, et tu sauras alors que toutes ces choses sont vivantes et odorantes."

Le premier jour de la semaine, tandis que les cloches du temple résonnaient à leurs oreilles, l'un des disciples dit au Maître : "Nous entendons souvent parler de Dieu ici. Que dis-tu de Dieu ? Qui est-il en vérité ?"

Almustafa se leva et se tint debout devant eux, comme un arbre jeune qui ne craint ni vent ni tempête, puis il répondit : "Mes compagnons et amis, pensez maintenant à un cœur capable de contenir tous vos cœurs, à un amour qui enveloppe tous vos amours, un esprit où se retrouvent tous vos esprits, une voix recouvrant toutes vos voix, un silence, enfin, plus profond que tous vos silences et qui abolit le temps.

"Essayez aussi de percevoir, au tréfonds de vous-mêmes, une beauté plus exaltante que toutes les choses belles, un chant plus puissant que le chant de la mer et de la forêt, une majesté installée sur un trône devant lequel Orion n'est qu'un tabouret, une majesté tenant à la main un sceptre tellement éblouissant que les Pléiades, en comparaison, ne scintillent pas plus que des gouttes de rosée.

"Vous vous êtes contentés de chercher seulement de la nourriture et un abri, un vêtement et un bâton ; cherchez désormais l'Unique, celui qui se rit de vos flèches et n'a que faire d'une grotte où vous vous protégez contre la fureur des éléments.

"Si mes paroles vous semblent dures comme le roc et énigmatiques, n'en continuez pas moins à en chercher le sens jusqu'à ce que vos cœurs se fendent et que vos questions vous révèlent l'amour et la sagesse du Très-Haut que les hommes appellent Dieu."

Aucun d'eux ne dit mot : ils demeuraient perplexes. Almustafa s'émut alors de compassion pour eux, il les considéra avec tendresse et ajouta : "Ne parlons pas davantage du Dieu-Père. Parlons plutôt des divinités, vos voisines, et de vos frères, les éléments qui se déchaînent autour de vos maisons et sur vos champs.

"Vous pourriez, en imagination, vous élever jusqu'aux nuages et considérer ces nuages comme une hauteur ; vous pourriez survoler la mer immense et avoir ainsi l'impression d'une grande distance parcourue. Mais je vous dis, moi, que lorsque vous enterrez une semence, vous atteignez une hauteur plus considérable, et que, quand vous saluez avec votre voisin la beauté du matin, vous traversez une mer plus vaste.

"Trop souvent, vous chantez Dieu, l'Infini, et, en vérité, vous n'entendez pas ce chant. Puissiez-vous écouter le chant des oiseaux, et celui des feuilles qui tremblent sur les branches quand le vent secoue les arbres, et n'oubliez pas, mes amis, que les feuilles ne chantent ainsi que lorsqu'elles sont dégagées des branches.

"De nouveau, je vous supplie de ne pas parler de Dieu si légèrement – Dieu est notre Tout –, mais parlez plutôt entre vous, pour vous comprendre, le voisin son voisin et une divinité une autre divinité.

"Qui donc nourrira l'oisillon dans son nid si l'oiseau-mère s'envole au ciel ? Et l'anémone dans son pré, sera-t-elle comblée si elle n'est pas épousée par l'abeille d'une autre anémone ?

"C'est seulement lorsque vous êtes perdus dans ce qu'il y a en vous de plus faible que vous regardez vers le ciel et l'appelez Dieu. Puissiez-vous trouver des chemins dans votre grand 'moi' et puissiez-vous être moins frivoles et frayer les chemins !

"Mes marins, mes amis, il serait plus sage de parler moins de Dieu, que nous ne pouvons comprendre, et de vous parler davantage l'un de l'autre qu'il nous est possible de comprendre. Cependant, je voudrais vous faire savoir que vous êtes le souffle et le parfum de Dieu. Nous sommes Dieu dans la feuille, la fleur, et souvent le fruit."

Un matin, tandis que le soleil était encore haut dans le ciel, l'un des trois disciples qui avaient joué avec Almustafa dans son enfance, s'approcha de lui : "Maître, dit-il, mon vêtement est usé et je n'en ai point d'autre. Laisse-moi aller au marché pour voir si je pourrais en acheter un nouveau."

Almustafa regarda le jeune homme et lui dit : "Donne-moi ton vêtement." Le disciple le lui donna et resta nu dans la lumière de midi.

Almustafa reprit alors, d'une voix qui évoquait un jeune coursier lancé sur une route : "Seuls ceux qui sont nus vivent au soleil. Seul l'ingénu enfourche le vent. Et celui-là seul qui se perd mille fois en chemin éprouve vraiment la joie de rentrer chez lui.

"Les anges sont fatigués de l'homme habile. Hier encore, un ange me disait : 'Nous avons créé l'enfer pour les esprits brillants. Est-il autre chose que le feu pour ternir une surface polie et faire fondre un objet jusqu'au cœur ?'

"Je dis à l'ange : 'Mais, en créant l'enfer, vous avez créé des diables pour le régir.' Et l'ange répondit : 'Non, l'enfer est régi par ceux qui résistent au feu.'

"Sagesse de l'ange ! Il connaît les voies des hommes et de ceux qui ne sont hommes qu'à demi. Il est l'un des séraphins qui viennent secourir les prophètes lorsque ceux-ci sont tentés par les hommes habiles, et, sans doute, il sourit lorsque les prophètes sourient et pleure aussi lorsqu'ils pleurent.

"Mes amis, mes marins, seuls les gens nus vivent vraiment au soleil. Seul peut naviguer sur la mer la plus vaste celui qui n'a pas de gouvernail. Seul celui qui est sombre dans la nuit sombre s'éveillera à l'aube, et seul celui qui dort, les racines enfouies sous la neige, verra le printemps.

"Vous aussi, vous êtes comme des racines : comme elles, vous êtes simples, mais vous possédez la sagesse de la terre. Vous êtes silencieux, mais vous contenez, dans vos branches non encore nées, le chœur des quatre vents.

"Vous êtes fragiles et sans forme précise, mais vous êtes le commencement de chênes géants, et le dessin, à demi esquissé, des saules sur le ciel.

"Je vous le répète, vous n'êtes que racines, entre les sombres mottes de gazon et le ciel changeant. Souvent, je vous ai vus vous lever pour danser dans la lumière, mais souvent aussi je vous ai vus timides. Toutes les racines le sont. Elles ont caché leurs cœurs si longtemps qu'elles ne savent plus qu'en faire.

"Heureusement, mai viendra, la vierge toujours active, qui caressera comme une mère les collines et les plaines."

Un homme qui avait servi dans le temple dit au Maître, d'une voix suppliante : "Apprends-nous que nos paroles, comme les tiennes, peuvent être un chant et un encens pour le peuple."

Almustafa lui répondit : "Vous vous élèverez plus haut que vos paroles, mais votre chemin restera ce qu'il est : un rythme et un parfum ; un rythme pour ceux qui aiment et sont aimés et un parfum pour ceux qui rêvent de vivre dans un jardin.

"Vous vous élèverez au-dessus de vos paroles jusqu'à un sommet où tombe la poussière des étoiles, et vous ouvrirez vos mains jusqu'à ce qu'elles soient remplies. Puis, vous vous étendrez pour dormir comme un oisillon blanc dans un nid blanc et vous rêverez à votre lendemain, comme de blanches violettes rêvent du printemps.

"Oui, mais vous descendrez aussi plus bas que vos paroles. Vous chercherez les sources perdues des ruisseaux, et vous serez une grotte cachée renvoyant l'écho des faibles voix des profondeurs que vous êtes incapables d'entendre maintenant.

"Vous descendrez plus bas que vos paroles, oui, plus bas que tous les sons, jusqu'au véritable cœur de la terre, et là, vous serez seuls avec Celui qui se promène aussi à travers la voie lactée."

Après un moment, l'un des disciples demanda : "Maître, parle-nous de l'*être*, qu'est-ce donc *être* ?"

Almustafa le regarda longtemps et l'aima. Il se leva, s'éloigna un peu d'eux, puis revint et dit : "C'est dans ce jardin que reposent mon père et ma mère, enterrés par les mains du vivant ; dans ce jardin aussi sont ensevelies les semences des années écoulées, apportées ici sur les ailes du vent. Mille fois mon père et ma mère seront ensevelis ici, mille fois le vent enterrera la semence ; et dans mille ans, vous, moi-même et ces fleurs, nous serons rassemblés dans ce jardin comme aujourd'hui, nous *existerons*, aimant la vie, nous *existerons*, en rêvant d'espace, et nous serons en train de nous élever vers le soleil.

"Mais, aujourd'hui même, *être*, c'est être sage, sans être étranger au fou ; c'est être fort, mais pas pour détruire ce qui est faible ; c'est jouer avec de petits enfants, non comme le font les pères, mais bien plutôt comme des compagnons de jeux désireux de s'initier à leurs amusements.

"C'est être simple et franc avec les hommes et les femmes âgés, s'asseoir auprès d'eux à l'ombre de vieux chênes, bien que vous, vous viviez toujours à l'heure du printemps.

"C'est partir à la recherche d'un poète, même s'il demeure au-delà des sept fleuves, et être en paix auprès de lui, sans aucun désir, aucun doute, sans une question sur vos lèvres.

"C'est savoir que le saint et le pécheur sont frères jumeaux, fils de notre gracieux Roi, et savoir que l'un d'eux, parce qu'il est né à peine avant l'autre, nous le considérons comme le prince héritier.

"C'est suivre la Beauté, même si elle vous conduit au bord d'un précipice, et, bien qu'elle soit ailée alors que vous ne l'êtes pas, bien qu'elle saute au-dessus du précipice, la suivre quand même, car où la Beauté est absente, il n'y a rien.

"C'est être un jardin sans murs, une vigne sans gardien, une maison qui recèle un trésor, mais toujours ouverte à tous les passants.

"C'est être volé, trompé, abusé, oui, induit en erreur, pris au piège et ensuite bafoué, mais, malgré toutes ces avanies, regarder tout cela comme rien au fond de vous-mêmes, et sourire, car vous savez qu'un printemps viendra s'épanouir dans votre jardin, danser dans les feuillages, qu'un automne viendra mûrir vos raisins, et vous savez que si une seule de vos fenêtres s'ouvre à l'est, vous ne serez jamais sans rien. Vous saurez aussi que tous ceux qu'on appelle malfaiteurs, voleurs, escrocs et trompeurs sont vos frères dans le besoin, et que vous-mêmes, vous êtes peut-être comme eux aux yeux des habitants bénis de la Cité invisible, édifiée au-dessus de la cité visible.

"Quant à vous, dont les mains trouvent et fabriquent tout ce qui est nécessaire pour passer confortablement vos jours et vos nuits,

"*Etre*, c'est exercer le métier de tisserand avec des doigts qui voient, le métier d'architecte, jouant avec la lumière et l'espace, celui du laboureur en sachant que vous cachez un trésor dans chaque semence que vous enterrez, celui de pêcheur et de chasseur pitoyables pour le poisson et le gibier, mais plus encore pour ceux qui ont faim et pour tous les besoins de l'homme.

"Surtout, je vous dis ceci : je voudrais vous voir, chacun d'entre vous, s'associer au projet de tout homme, car c'est ainsi seulement que vous pourrez espérer réaliser au mieux vos propres desseins.

"Mes compagnons, mes bien-aimés, soyez audacieux et non pusillanimes ; soyez larges et non mesquins, et, jusqu'à ma dernière heure et la vôtre, réalisez vraiment ce qu'il y a en vous de plus essentiel."

Il se tut, et une profonde mélancolie saisit les neuf disciples ; leurs cœurs se détournaient de lui, car ils ne comprenaient pas ses paroles.

Et voici que les trois marins éprouvèrent la nostalgie de la mer, ceux qui avaient servi dans le temple aspiraient à la consolation qu'ils trouvaient dans le sanctuaire et ceux qui avaient été ses compagnons de jeux avaient envie de retourner au marché. Tous, ils étaient sourds à ses paroles, si bien que le son de celles-ci lui était renvoyé comme des oiseaux las et sans abri cherchant un refuge.

Almustafa s'éloigna et fit quelques pas dans le jardin sans rien dire, sans même les regarder.

Les disciples commencèrent à discuter entre eux et à chercher une excuse à leur désir de s'en aller.

Finalement, ils firent demi-tour et partirent, chacun de son côté, tandis qu'Almustafa, l'élu et le bien-aimé, restait seul.

Lorsque la nuit fut tout à fait venue, il se dirigea vers le tombeau de sa mère et s'assit sous le cèdre qui avait grandi là. L'ombre d'une grande lumière parut dans le ciel, et le jardin resplendissait comme un beau joyau sur le sein de la terre.

Almustafa s'écria, l'esprit oppressé par la solitude :

"Mon âme est lourdement chargée de ses fruits mûrs. Qui voudrait s'approcher de moi pour cueillir ces fruits et s'en délecter ? N'en est-il pas un qui ait jeûné et dont le cœur soit assez bon et généreux pour mettre un terme à son jeûne à la vue de mon premier fléchissement sous le soleil, et me délivrer de ma surabondance ?

"Mon âme déborde du vin des âges. Ne trouverai-je pas un seul homme assoiffé qui vienne se désaltérer ?

"Je pense à cet homme qui se tenait debout à un carrefour, les mains tendues vers les passants, des mains pleines de bijoux. Il interpellait les gens, les suppliait : 'Ayez pitié de moi, prenez ce que je vous offre. Au nom de Dieu, prenez-le et consolez-moi.'

"Mais les passants se contentaient de le regarder et pas un seul ne prit quelque chose dans la main tendue.

"Comme il eût préféré être lui-même un mendiant et tendre la main pour recevoir, une main tremblante, et la ramener vide contre sa poitrine, plutôt que de l'ouvrir, pleine de somptueux présents, sans trouver personne pour recevoir.

"Et je pense au gracieux prince qui dressait sa tente de soie entre la montagne et le désert ; il envoyait ses esclaves pour observer la route et voir s'ils pourraient en ramener un invité. Mais les routes et les sentiers du désert étaient impitoyables et ils ne virent personne.

"Il eût été préférable que le prince fût un homme sans feu ni lieu, en quête de nourriture et d'abri. Qu'il fût errant, ne possédant rien d'autre qu'un bâton et une jatte de terre. Car alors, à la tombée du jour, il aurait pu rencontrer des gens de son espèce, poètes sans feu ni lieu, eux aussi, et partager leur misère, leurs souvenirs et leurs rêves.

"Je pense aussi à la fille du grand roi qui s'éveillait, revêtait sa robe de soie, se parait de perles et de rubis. Elle répandait du musc sur sa chevelure et trempait ses doigts dans l'ambre gris. Puis elle descendait de sa tour pour se rendre dans son jardin où la rosée mouillait ses sandales d'or.

"Dans la nuit tranquille, la fille du grand roi cherchait l'amour dans le jardin, mais il ne se trouvait, dans le vaste royaume de son père, personne pour l'aimer.

"Il eût été préférable qu'elle fût la fille d'un laboureur ou d'un berger gardant ses moutons dans un pré : elle serait retournée le soir à la maison de son père, les pieds recouverts de la poussière des routes sinueuses, exhalant, des plis de sa robe, le parfum des vignes. Quand viendrait la nuit, quand l'ange de la nuit planerait sur le monde, elle s'esquiverait dans la vallée où coule le fleuve et où l'attendrait son amoureux.

"Ah ! si elle avait pu être une moniale dans un cloître, le cœur brûlant comme de l'encens, pour que ce cœur puisse s'élever jusqu'aux hauteurs du vent, et consumant son esprit comme une chandelle pour faire monter une lumière jusqu'à une autre lumière plus vive, en union avec ceux qui adorent, ceux qui aiment et sont aimés.

"Ah ! si elle avait pu être une femme âgée, assise au soleil, tout occupée à se rappeler celui qui avait partagé sa jeunesse."

La nuit se faisait plus noire, et Almustafa était sombre comme cette nuit. Son esprit ressemblait à un nuage épais, et il s'écria de nouveau :

"Mon âme est lourdement chargée du fardeau de ses fruits mûrs ;
Oui, lourdement chargée de ses fruits.
Qui donc s'approchera pour les manger à satiété ?
Mon âme déborde de son vin.
Qui viendra le boire pour se rafraîchir après la chaleur du désert ?

"Que ne suis-je un arbre sans fleurs ni fruits,
Car la peine causée par l'abondance est plus amère que la stérilité,
Et la douleur du riche dont on ne veut rien accepter
Est plus cruelle que celle du mendiant qui ne reçoit rien de personne.

"Que ne suis-je une source tarie et desséchée où les hommes jettent des pierres,
Car il est plus doux et plus facile d'être accablé d'un fardeau que d'être une source d'eau vive,
Offerte aux hommes qui passent sans vouloir boire.

"Que ne suis-je un roseau foulé aux pieds,
Car cela vaudrait mieux que d'être une lyre aux cordes d'argent
Dans une maison dont le maître n'a pas de doigts
Et dont les enfants sont sourds."

Durant sept jours et sept nuits, personne ne s'approcha du jardin ; le maître était seul avec ses souvenirs et sa peine ; même ceux qui avaient entendu ses paroles avec amour et patience étaient partis à la poursuite d'autres jours.
Seule, Karima vint ; le silence recouvrait son visage comme un voile. Elle portait dans ses mains une coupe et un plat, boisson et nourriture pour apaiser la faim et l'isolement du Maître. Lorsqu'elle eut tout déposé devant lui, elle repartit.

Almustafa retourna de nouveau près des peupliers blancs plantés à l'entrée du jardin. Il s'assit et regarda vers la route. Il aperçut bientôt comme un nuage de poussière venant dans sa direction, au-dessus de la route, et de ce nuage émergèrent les neuf disciples, guidés par Karima.

Almustafa s'avança à leur rencontre, sur la route ; ils franchirent la grille et tout était bien, comme s'ils étaient partis à peine une heure auparavant.

Ils entrèrent dans la maison et soupèrent avec lui à sa table frugale, où Karima avait déposé le pain et le vin. Tout en versant le vin dans les coupes, elle suppliait le Maître : "Laisse-moi aller à la ville chercher encore du vin pour remplir vos coupes, car il n'en reste plus."

Il la regarda, les yeux perdus comme dans la pensée d'un voyage en contrée lointaine, et lui dit : "Non, cela suffit pour le moment."

Ils mangèrent et burent et se sentirent rassasiés. Quand le repas fut terminé, Almustafa leur dit d'une voix solennelle, profonde comme la mer, ample comme une grande marée sous la lune : "Amis et compagnons de route, nous devons absolument nous quitter aujourd'hui. Longtemps, nous avons navigué sur des mers périlleuses, nous avons escaladé les montagnes les plus abruptes, nous avons lutté contre des tempêtes. Nous avons connu la faim, mais nous avons aussi participé à des festins de noces. Nous avons été souvent nus, mais nous avons aussi porté des vêtements royaux. Nous avons voyagé loin, certes, mais il faut maintenant nous quitter. Ensemble vous suivrez vos chemins, et moi le mien, tout seul.

"Mais malgré les mers et les vastes contrées qui nous sépareront, nous ferons ensemble le voyage qui nous mènera jusqu'à la Montagne sainte.

"Pourtant, avant de nous engager sur nos routes arides, je voudrais partager avec vous la moisson et la glane de mon cœur :

"Allez par vos chemins en chantant, mais que chaque chanson soit courte, car seules les chansons qui meurent jeunes sur nos lèvres vivront dans le cœur des hommes.

"Exprimez en peu de mots une vérité aimable, mais que jamais vos lèvres ne profèrent une vérité hideuse. Dites à la jeune fille dont les cheveux brillent au soleil qu'elle est la fille du matin. Mais lorsque vous rencontrez un aveugle, ne lui dites pas qu'il est fils de la nuit.

"Ecoutez le joueur de flûte comme vous écouteriez le chant d'avril, mais si vous entendez discourir le critique à l'affût des fausses notes, restez sourds comme vos os et distants comme votre fantaisie.

"Mes amis, mes bien-aimés, vous rencontrerez en chemin des hommes aux pieds d'animaux ; donnez-leur vos ailes. Vous verrez des hommes cornus ; donnez-leur des couronnes de laurier. D'autres avec des mains griffues ; mettez-leur sur les doigts des pétales de fleurs. D'autres hommes encore aux langues fourchues ; donnez-leur du miel pour leurs discours.

"Oui, vous rencontrerez tous ceux-là, et d'autres plus mal lotis encore : des boiteux vendant des béquilles, des aveugles vendant des miroirs, des riches mendiant aux portes du temple.

"Aux boiteux, offrez votre agilité, à l'aveugle votre vue. Et veillez à donner de vous-mêmes aux riches mendiants : ce sont les plus nécessiteux de tous, car, certainement, aucun homme n'accepterait de tendre la main pour recevoir une aumône s'il n'était réellement pauvre, même s'il possède de grands biens.

"Compagnons, amis, je vous confie notre amour : soyez d'innombrables pistes qui se croisent dans le désert, où courent à la fois les lions et les lapins, les loups et les moutons.

"Rappelez-vous ceci de moi: je vous apprends non à donner mais à recevoir, non à refuser mais à vous laisser combler, non à céder mais à comprendre, et toujours le sourire aux lèvres.

"Je ne vous apprends pas à vous taire, mais à chantonner en douceur.

"Je vous révèle votre moi le plus intime, où vous retrouverez tous les hommes."

Il se leva de table et s'en alla directement vers le jardin où il se promena à l'ombre des cyprès, tandis que le jour déclinait. Ils le suivirent d'un peu loin, car ils se sentaient le cœur lourd et leur langue se collait à leur palais.

Seule, Karima, après avoir rangé les restes du repas, s'approcha de lui et lui dit : "Maître, j'aimerais que tu me permettes de préparer quelque nourriture pour demain et pour ton voyage."

Il la regardait, les yeux fixés sur un autre monde, et lui dit : "Ma sœur, ma bien-aimée, tout est accompli, depuis le commencement des âges. La nourriture et la boisson sont prêtes pour demain, comme elles l'étaient pour hier et aujourd'hui.

"Je m'en vais, mais si je pars en laissant une vérité inexprimée, cette vérité-là me poursuivra et me saisira, même si les diverses parties de mon être sont éparpillées à travers les silences de l'éternité, et je reviendrai vers vous pour vous parler d'une voix renouvelée, s'élevant du cœur de ces silences infinis.

"Si j'ai omis de vous révéler la plus infime parcelle de la beauté, je serai rappelé, oui, par mon nom : Almustafa, et je vous donnerai un signe pour vous apprendre que je suis revenu vous parler de ce qui n'a pas été dit, car Dieu ne peut supporter d'être caché à un seul homme, ni que Sa parole reste ensevelie dans l'abîme du cœur humain.

"Je vivrai par-delà la mort, je chanterai à vos oreilles,
Même après avoir été emporté, par la grande vague de la mer
Jusqu'au plus profond de l'océan.
Je m'assiérai à votre table bien que mon corps paraisse absent,
Je vous accompagnerai dans vos champs, esprit invisible.
Je m'installerai avec vous devant l'âtre, hôte invisible aussi.
La mort ne change que les masques qui recouvrent nos visages.
Le forestier restera forestier,
Le laboureur, laboureur,
Et celui qui a lancé sa chanson au vent la chantera aussi aux sphères mouvantes."

Les disciples restaient immobiles comme des pierres, le cœur torturé de chagrin parce qu'il avait dit : "Je m'en vais." Mais aucun n'avança la main pour le retenir, et personne ne le suivit.

Almustafa sortit du jardin de sa mère à pas rapides et silencieux. Et tout à coup, comme une feuille emportée par un grand vent, voici qu'il avait disparu à leurs regards, et ils n'aperçurent plus qu'une sorte de lumière pâle s'élevant vers les hauteurs.

Les neuf disciples s'acheminèrent vers la route, mais la femme restait debout dans la nuit tombante et regardait la lumière se fondre dans le crépuscule. Elle adoucit la désolation de sa solitude en se rappelant les mots du Maître : "Je m'en vais, mais si je laisse une vérité non exprimée, cette vérité même me poursuivra et me ramènera parmi vous."

Le soir était venu.
Almustafa avait atteint les collines. Ses pas l'avaient conduit dans la brume et, debout au milieu des rochers et des cyprès blancs, il dit :

"O brume, ma sœur, ton souffle blanc n'est pas encore prisonnier d'une forme,
Et je reviens à toi, semblable moi aussi à un souffle blanc, sans voix,
Une parole non encore prononcée.
"O brume, ma sœur ailée, nous voici réunis maintenant,
Et nous resterons ensemble jusqu'au second jour de la vie,
Dont l'aube se répandra en gouttes de rosée dans les jardins,
Tandis que je serai, moi, un petit enfant blotti contre le sein d'une femme,
Et nous nous souviendrons du passé.
"O brume, ma sœur, je reviens, le cœur à l'écoute de ses profondeurs,
Comme ton cœur à toi,
Désir, battant comme une pulsation et sans objet, comme ton propre désir,
Pensée encore floue, comme la tienne aussi.
"O brume, ma sœur, enfant première-née de ma mère,
Mes mains retiennent encore les vertes semences que tu m'as prié de répandre,
Mes lèvres sont scellées sur la chanson que tu m'as prié de chanter,
Et je ne t'apporte aucun fruit, aucun écho,
Car mes mains étaient aveugles, et mes lèvres serrées.
"O brume, ma sœur, j'ai beaucoup aimé le monde, et le monde m'a aimé,
Tous mes sourires fleurissaient sur ses lèvres, et toutes ses larmes brillaient dans mes yeux.
Pourtant, un abîme de silence nous séparait, que le monde n'a pas voulu franchir,
Et je ne le pouvais pas davantage.
"O brume, ma sœur, ma sœur immortelle,
J'ai fredonné les vieilles chansons à mes petits enfants,
Ils ont écouté, et leurs visages rayonnaient d'admiration ;
Mais demain, peut-être, ils oublieront les chansons,
Et je ne sais à qui le vent les apportera.
Bien que je n'aie pas composé moi-même ces chansons, mon cœur en était ému
Et elles frémissaient un moment sur mes lèvres.
"O brume, ma sœur, bien que tout soit désormais passé,
Je suis en paix.
Chanter pour ceux qui étaient déjà nés m'a suffi.
Et bien que le chant ne vînt pas de moi, il a exprimé pourtant le plus secret désir de mon cœur.
"O brume, ma sœur brume,
Je ne fais maintenant qu'un avec toi.
Je ne suis plus seulement moi-même.
Les murs sont tombés,
Les chaînes sont brisées ;
Je monte vers toi, une brume, moi aussi,
Et ensemble nous flotterons au-dessus de la mer jusqu'au second jour de la vie,
Quand l'aube se répandra en gouttes de rosée dans les jardins,
Et que je serai, moi, un petit enfant blotti contre le sein d'une femme."

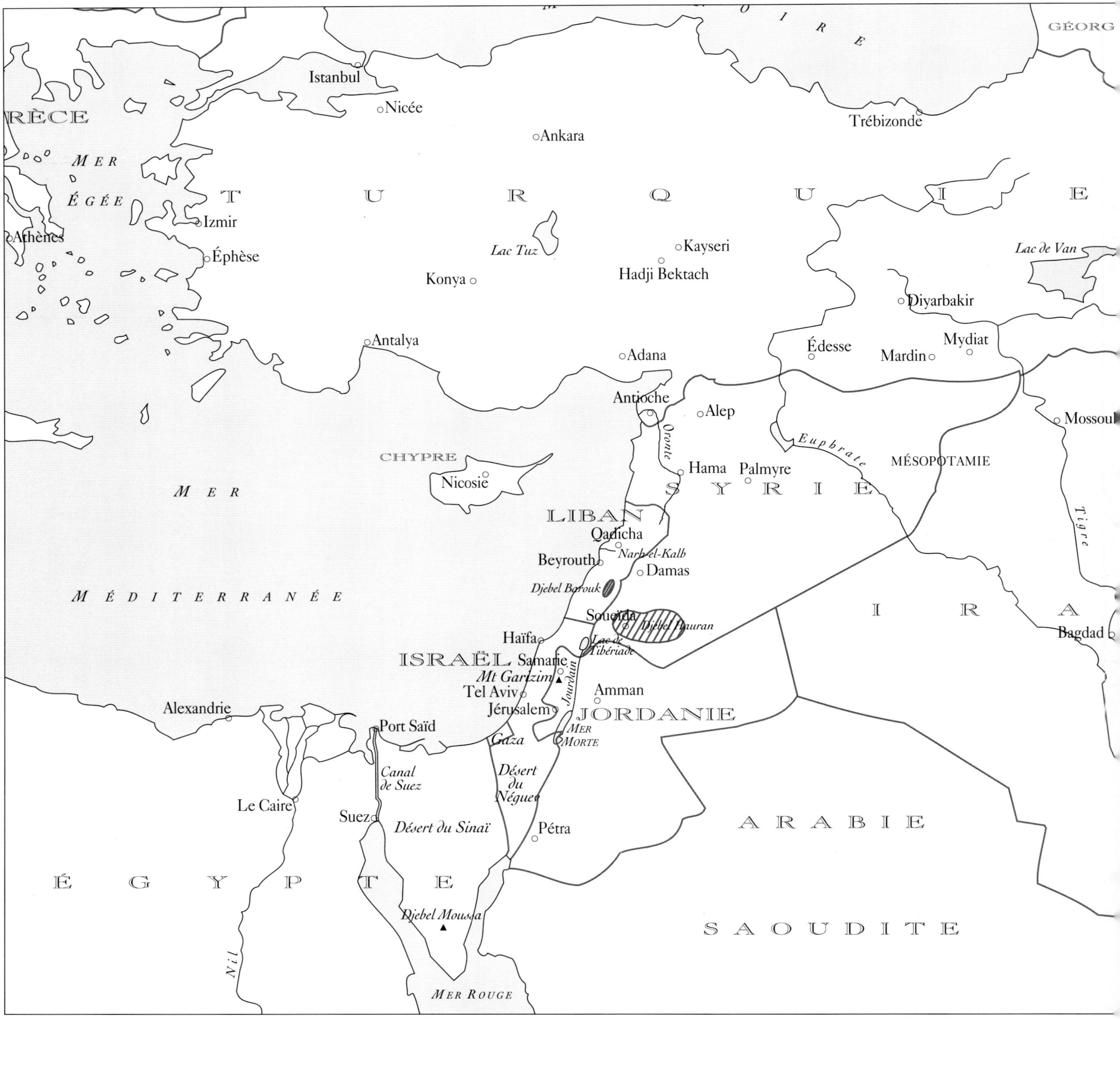
GÉORG
RÈCE
Istanbul
Nicée
Ankara
Trébizonde
MER
ÉGÉE
T U R Q U I E
Izmir
Athènes
Éphèse
Lac Tuz
Kayseri
Hadji Bektach
Konya
Lac de Van
Diyarbakir
Antalya
Adana
Édesse
Mardin
Mydiat
Antioche
Alep
Mossoul
Oronte
Euphrate
CHYPRE
Nicosie
Hama
Palmyre
MÉSOPOTAMIE
S Y R I E
MER
LIBAN
Qadicha
Tigre
Narh-el-Kalb
Beyrouth
Damas
Djebel Barouk
MÉDITERRANÉE
I R A
Soueïda
Djebel Hauran
Haïfa
Lac de Tibériade
Bagdad
ISRAËL
Samarie
Mt Garizim
Tel Aviv
Jourdain
Amman
Jérusalem
Alexandrie
JORDANIE
Port Saïd
MER MORTE
Gaza
Canal de Suez
Désert du Négues
Le Caire
Suez
Désert du Sinaï
Pétra
ARABIE
ÉGYPTE
Djebel Moussa
SAOUDITE
Nil
MER ROUGE

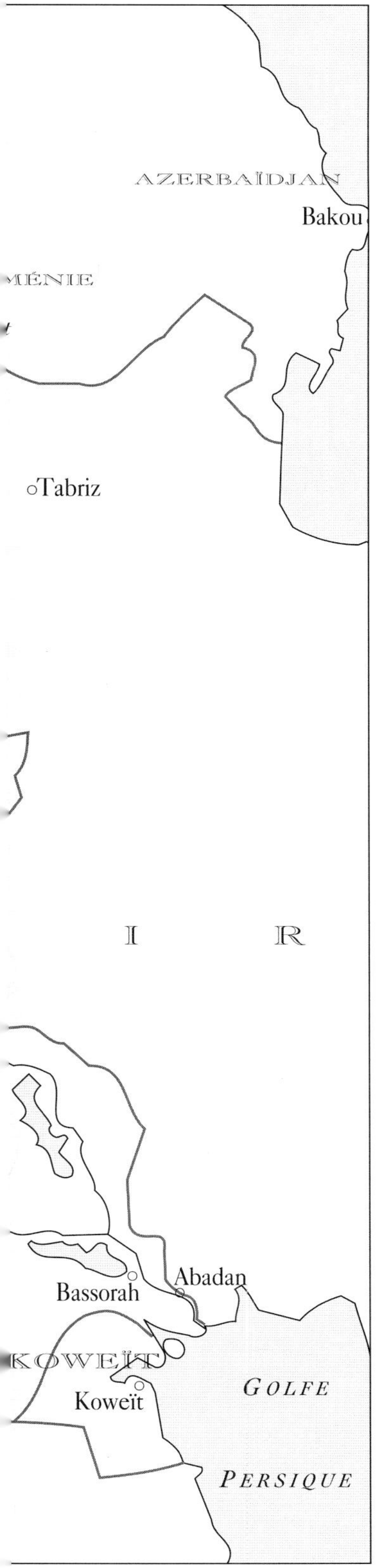

La Terre du Prophète

Photographies de Paul-Jacques Callebaut

Imprimé en Belgique par Casterman Tournai
Dépôt légal : mai 1995 ; D.1995/0053/89